ANWB Extra

Luxemburg

Uitgeverij ANWB

Inhoud

Het belangrijkste eerst

Heel oud
Luxemburg is een land van kastelen en ook de bakermat van het Groothertogdom is een kasteel, de Lützelburg. Het mooiste kasteel van het land is zonder twijfel dat in Vianden, op de voet gevolgd door dat in Beaufort. Bij ridderspektakels tussen de oude muren waan je je in de middeleeuwen.

De sprong wagen
Twee stappen naar voren en eentje terug? Bij de Echternacher Springprocessie kun je zien hoe dat gaat. Iedereen mag meedoen. Meld je voor het begin van de processie aan bij het bordje 'Einzelpilger' op de binnenplaats van de abdij en zorg dat je een grote witte zakdoek bij je hebt. Je hoort daar wel waarom.

Veiner Nëssmoort
Hoeveel walnotenbomen er rondom Vianden staan, weet niemand precies. Het moeten er heel veel zijn, want de hoeveelheid verse walnoten die op de tweede zondag van oktober *geschutt, gepeelt, geweesch a gedrëchent* op de notenmarkt ligt, is enorm. Ze worden ook verwerkt in brandewijn, likeur, olie, gebak en pasteitjes.

Steen(tjes)rijk
De boer uit Vichten stond toch wel even raar te kijken toen hij de oude Homerus en negen Griekse muzen naast zijn koestal ontdekte. Het reusachtige vloermozaïek uit de Romeinse tijd, dat tegenwoordig in het Musée National d'Histoire et d'Art in de hoofdstad te bewonderen is, heeft hem het lieve sommetje van circa 740.000 euro opgeleverd.

Feestvieren
Op 23 juni wordt in het hele land de verjaardag van de groothertog gevierd. Het begint al op de dag ervoor, met een groot openluchtfeest met gratis concerten, dj's en dansvloeren in de hoofdstad, de plechtige aflossing van de wacht voor het Groothertogelijk Paleis, een fakkeltocht en een groot vuurwerk.

Der Hauptmann von Köpenick
Ouwe meuk? Helemaal niet! Dit beroemde toneelstuk van Carl Zuckmayer uit 1931 keerde in 2017 terug op het toneel en is in de jaren negentig ook al een keer verfilmd. Schoenlapper en hoofdrolspeler Wilhelm Voigt, die zogenaamd de kapitein van Köpenick was, ligt begraven op de Liebfrauenfriedhof in Luxemburg-stad.

!

Waar van water wijn wordt gemaakt
Nieuwe wijnen proeven, een wijnkoningin kiezen en kronen, en knallende sektkurken in de wijnkelders – op de traditionele wijn- en druivenfeesten en bij proeverijen aan de Moezel worden voortreffelijke wijnen geschonken en tijdens het Schwéidsbenger Wäifescht stroomt er wijn uit de bron in het dorp.

Van de aartsvader van de fotografie
Uit vier miljoen foto's van 273 fotografen uit 68 landen 503 exemplaren selecteren voor de grootste fototentoonstelling ter wereld – Edward Steichen en zijn team hebben het gedaan. Bij *The Family of Man* in Clervaux draait alles om de mens. Ook *The Bitter Years* in de watertoren van Dudelange is van Steichen.

Al twintig jaar lang kom ik in Luxemburg en verbaas me erover hoe het verandert: van het ooit troosteloos grijze naar het kleurrijke land van nu. Misschien kom je me 's avonds een keer tegen bij een benzinestation. Ik geef toe: ook ik gooi hem hier nog even vol voordat ik naar huis rijd.

Vragen? Ideeën?

Laat het me weten!

@ *anwbmedia@anwb.nl*

Dit is Luxemburg

Stel je voor dat je de menukaart openslaat en op het menu 'Luxemburg' ziet staan. Aperitief en voorgerecht zijn het heuvelachtige Ösling met de kronkelende dalen in het noorden en Luxemburgs Klein Zwitserland met rotsformaties en grotten die even bizarre vormen als namen hebben, zoals Piteschkummer, Geyerslay en Hohllay. Beide zijn uitstekende wandelgebieden. Het hoofdgerecht is Luxemburg-stad, het kloppend hart van het land, een wereldstad maar toch ook een beetje provinciaals. Als dessert de Moezel en de knusse wijndorpen langs de rivier. En ten slotte nog als espresso het Gutland en de Minett, het land van de rode aarde. Bij zo'n menu hoef je niet lang te twijfelen, want dat klinkt beslist als een goede keuze – *voilà, bon appétit!*

Het laatste in zijn soort

Luxemburg is het laatste van de ooit twaalf Europese groothertogdommen en ook het laatste ter wereld. De *Großherzogs,* zoals de Luxemburgers hun vorstenfamilie liefdevol noemen, zijn groothertog Henri, groothertogin Maria Teresa, van geboorte een Cubaanse, en hun vijf kinderen, prinses Alexandra, prins Louis, prins Félix, erfgroothertog Guillaume en prins Sébastien. Henri is de negende groothertog, maar voor de eerste drie – Willem I, II en III, koningen der Nederlanden – was het groothertogschap in zekere zin niet meer dan een nevenfunctie. De groothertog resideert in het Palais Grand-Ducal, waarvan de locatie in het hart van Luxemburg-stad de nabijheid van de groothertogelijke familie tot de bevolking tot uitdrukking brengt. Als de Luxemburgse vlag daar gehesen is, dan is de groothertog aanwezig.

Goudkoorts in Luxemburg

Luxemburg, ooit een van de armste landen van Europa, beleefde in de 20e eeuw een grote economische bloei, waardoor het dwergstaatje een van de rijkste landen ter wereld werd. De welvaart berustte op de ontdekking van ijzerhoudende lagen in het zuiden van het land. Het 'rode goud' trok duizenden gastarbeiders uit heel Europa. Velen van hen bleven, ook toen de zware industrie van Luxemburg in de jaren zeventig van de vorige eeuw in zwaar weer terechtkwam. De overheid had deze ontwikkeling echter tijdig onderkend en was al op een ander paard gaan wedden door een bijzonder gunstig klimaat voor banken te scheppen. Hierop vestigden zich in korte tijd meer dan tweehonderd banken en duizenden holdings in de hoofdstad.

Lëtzebuergesch

Als je er helemaal niets meer van verstaat, dan wordt er *Lëtzebuergesch* gesproken, dat pas sinds 1984 officieel de nationale taal is. Daarin communiceren de Luxemburgers onderling, in de familie, de vriendenkring en het parlement. Luxemburgers zijn trots op hun eigen taal en kunnen het zo nu en dan niet laten om het tweetalige België daar fijntjes op te

Het menu staat klaar: Luxemburg ligt aan je voeten.

wijzen. Het is niet zo dat ze geen andere talen spreken, want meertaligheid is de Luxemburgers als het ware aangeboren. Al op de basisschool leren de kinderen Duits en Frans, later komt daar nog Engels en vaak nog een andere taal bij.

À la française, ja, maar à la portugaise?

Tussen de middag ligt het werk bij Luxemburgse banken, postkantoren, overheidsinstanties en kantoren nagenoeg stil en lopen de cafés, bistro's, kroegen en restaurants vol; alleen wie net voor de middagpauze komt of gereserveerd heeft, kan nog een tafeltje krijgen. Je hoeft niet raar op te kijken als de menukaart in het Frans is en de ober alleen maar Frans spreekt, want veel bedienend personeel in restaurants komt uit het zuidelijke buurland. Soms spreken ze een nog zuidelijkere taal, bijvoorbeeld in de Portugese restaurants in Bonneweg, een wijk van Luxemburg-stad, en in Larochette, waar bijna de helft van de inwoners Portugees is.

Van groen tot rood

Nee, het gaat hier niet om de Luxemburgse politiek, maar om de kleuren die het land te bieden heeft. Groen, dat is het noorden met zijn uitgestrekte bossen, rivieren, meren, kloven en rotsen. Daar is alles puur natuur, zoals in de parken Öewersauer en Our en in het Müllerthal, paradijzen voor natuurliefhebbers. Rood, dat is het zuidwesten van het land, de Minett. Rood van het ijzererts, dat hier lange tijd is gewonnen. Hoogovens en oude ertstreinen zijn inmiddels attracties voor bezoekers geworden. Rood en groen zijn zich hier overigens aan het vermengen, want de natuur strekt zijn lange vingers uit in het ooit kale land van de rode aarde en bedekt de oude industriegebieden met groen fluweel.

Luxemburg in cijfers

3

drielandenpunten heeft Luxemburg, waarvan twee in rivieren.

3

officiële talen telt het land: Lëtzebuergesch, Frans en Duits.

7,52

m is de omtrek van de dikste boom van Luxemburg, een stuk minder dan die van de dikste ter wereld (ruim 44 m).

11,55

euro is het minimumloon per uur in Luxemburg, in Nederland is dat € 9,44.

35

procent van het Luxemburgse landoppervlak bestaat uit bos – in Nederland is dat ongeveer 13 procent.

39

km lang loopt de landsgrens van Luxemburg midden in de Moezel.

58

m autosnelweg ligt er per vierkante kilometer in Luxemburg, een dichtheid die ongeveer gelijk is aan die in Nederland.

60

kunstwerken staan er op de Kirchberg in Luxemburg-stad.

70

procent van de hoofdstedelingen is buitenlander, landelijk bedraagt dat percentage 46,7 procent.

149

banken telt Luxemburg.

352

met twee nullen ervoor kies je als je met het Groothertogdom wilt bellen.

1100

soldaten telt het Lëtzebuerger Arméi.

[illegible]

km² groot is Luxemburg; slechts één land in de EU is nog kleiner: Malta.

8000

jaar oud is het oudste compleet bewaarde skelet dat in Luxemburg is gevonden.

119.200

Luxemburgers woonden er in 2019 in de hoofdstad.

135.000

pendelaars reizen doordeweeks het Groothertogdom in.

1

groothertogdom is er op de wereld: Luxemburg.

Eten en drinken

Vele met sterren onderscheiden creatieve topkoks zorgen ervoor dat het Groothertogdom Luxemburg zich zeker niet hoeft te schamen voor zijn prestaties op gastronomisch gebied. Duitsland, Frankrijk en Wallonië liggen vlak voor de deur, dus het is geen wonder dat de Luxemburgse keuken een gezegende combinatie van grote Duitse porties en Frans raffinement is.

Er wordt teruggegrepen op traditionele gerechten, die in verfijnde vorm zelfs op de kaart van de beste restaurants te vinden zijn. Dat is in belangrijke mate te danken aan de Luxemburgse chef-kok **Léa Linster**. Neem het nationale lievelingsgerecht *judd mat gaardebounen*, een stevig eenpansgerecht van gerookte varkensnek, tuinbonen en aardappels, waarbij overigens een rivaner of een elbling uitstekend gezelschap is. 'Dat geeft een eerste idee van hoe Luxemburg smaakt', aldus Linster. Behalve in een toprestaurant in Frisange zwaait deze chef, die ook talrijke kookboeken heeft geschreven, de scepter in een restaurant met lokale specialiteiten in Kayl en heeft ze een kleine delicatessenzaak (www.lealinster.lu) in Luxemburg-stad.

Samen sterk

Bonen, aardappels, prei, selderij, uien, groentebouillon – dat zijn de basisingrediënten van *Bouneschlupp*. 'Dat wordt allemaal gekookt, eerst zonder spek en vlees zodat vegetariërs de soep later ook kunnen eten. En dan wordt er vlees aan toegevoegd, metworst en spek', zegt Léa Linster.

Alcoholische dranken

De Luxemburgse wijnboeren langs de Moezel verstaan hun vak, want ze produceren uitstekende **wijnen**. De lichte, verfrissende elbling past bij gefrituurde vis en mosselen, de zachte, fruitige auxerrois gaat uitstekend samen met wild en gevogelte. De droge, milde rivaner is een veel gedronken tafelwijn. Pinot blanc, een droge, frisse witte wijn, komt vaak bij visgerechten op tafel, en pinot gris met zijn aromatische bouquet bij lamsvlees of wild. Riesling, de 'koning van de moezelwijnen', heeft een delicaat, temperamentvol bouquet en past bij vis en Ardenner ham. Gewürztraminer is een gewaardeerde dessertwijn, chardonnay wordt veel bij zeebanket gedronken.

TYPISCH LUXEMBURGS

Bouneschlupp: bonensoep met metworst.
Träipen: gebraden bloedworst met aardappelen en appelmoes.
Iertsebulli: erwtensoep.
Feierstengszalot: koude rundvleessalade.
Judd mat Gaardebounen: gerookte varkensnek met tuinbonen en aardappels.
Fritür (Friture): gefrituurde Moezelvisjes.
Dännesprözendrepp: likeur van dennennaalden.

Voor liefhebbers van rode wijn is de fruitige pinot noir een uitstekende optie. De Luxemburgse mousserende wijnen, de crémant de Luxembourg voorop, completeren het aanbod. Luxemburgse **bieren** zijn er maar weinig. Naast de grote brouwerijen in Diekirch (Diekirch, Mousel) en Bascharage (Bofferding, Beierhaarscht) zijn er ook enkele kleine, lokale brouwerijen, zoals Simon in Wiltzen en Ourdaller in Heinerscheid.
De Luxemburgse **vruchtenbrandewijnen**, zoals *kirsch*, *mirabelle*, *quetsch* (pruimen), *prunelle* (sleepruim) en de uit appels gedistilleerde *pommes* hebben een verrukkelijke fruitsmaak. Op de *Veiner Nëssmoort* (notenmarkt van Vianden), die jaarlijks op de tweede zondag van oktober wordt gehouden, is *nëssdrëpp* te koop, brandewijn die uit onrijpe walnoten is gedistilleerd. Een andere heerlijke drank is cassis, die in Beaufort van zwarte bessen wordt gemaakt.

Ontbijt en lunch

De dag begint met *kaffi drénken*, zoals

S STREET FOOD

Je wilt de beste hamburger van heel Luxemburg? Een kakelverse salade, vegetarische *nouilles sautées façon Thai*, een Oxford steak sandwich? Biologisch, veggie, vegan *to go*? Ga dan op zoek naar een van de foodtrucks, die overal in het land staan; op **www.luxfta.com** kun je vinden waar. Twee, drie keer per jaar komen verscheidene trucks samen voor een smikkelfestijn, bijvoorbeeld op het Street Food Festival 'Eat It' bij Rotondes achter het station van Luxemburg-stad en op het Truck'n'Roll Festival (www.trucknrollfestival.com), waar je bovendien kunt genieten van blues, jazz en rock.

SOU SCHMAACHT LËTZEBUERG

Lekker! Dat heeft veel te maken met de traditionele, ambachtelijke bereiding van de producten, maar ook met de kwaliteit van de lokale ingrediënten. De Luxemburgse aanbieders van vlees, groente en andere ingrediënten hebben kwaliteit hoog in het vaandel staan. Zoals de twee natuurparken van het land, die het een en ander aan duurzaam voortgebrachte specialiteiten op tafel brengen: vlees, thee, kruiden, spelt, meel, olie, mosterd en honing (zie 'Vum Séi', ► blz. 79).
www.sou-schmaacht-letzebuerg.lu

ontbijten hier wordt genoemd, in een café, bistro, *salon de consommation* of *salon de thé*. Voor sommigen volstaat een croissant met jam en een kop koffie, maar veel Luxemburgers hebben 's ochtends liever iets zoeters, zoals een *schoklasrullen* (een croissantachtig broodje met chocoladevulling), of een *aachtchen* (een broodje in de vorm van een acht met pudding). Voor de lunch wordt vaak een café bezocht voor een *kachkéis* (een warm broodje kaas met mosterd) of een *croque-monsieur* (tosti).

Het kompas van Luxemburg

WAAR BEGIN IK?

#2

Een reis door de tijd – **Musée National d'Histoire et d'Art**

#3

Wonen tussen betonnen paleizen – **kunst op de Kirchberg**

Naar de oudste Luxemburgers?

BANKIER MET SCHOENMAAT 96

#1

Duizend jaar in honderd minuten – **Circuit Wenzel**

Afdalen in een ondergronds labyrint

STRAAT VAN SANDALENDRAGERS

#15

Op het stalen ros de oudheid in – **Velo Romanum**

WAAR VICTOR HUGO AL TEKENDE

#14

Luxemburgs wijngebied – **Route du Vin**

The Family of Man

KNOTWILGEN IN HET GELID

#13

Mensen, kastelen, Ardennenoffensief – **kasteel van Clervaux**

#12

Een fascinerende tuin – **Jardin de Wiltz**

#4

Het stoomt en ratelt – **in het Minett Park Fond-de-Gras**

#5

Sprookjes, exoten, klimmen, ontdekken – **Parc Merveilleux**

#6

Achter elke bocht een kasteel – **dal van de zeven kastelen**

#7

Met de apostel begon het allemaal – **Echternach, de stad van Willibrordus**

#8

Naar de Perekop en de Hohllay – **Luxemburgs Klein Zwitserland**

#9

Het mooiste van het hele land – **kasteel van Vianden**

#11

Genieten met alle zintuigen – **natuur aan de Boven-Sûre**

#10

Dorp in een lus – **Esch-sur-Sûre**

Luxemburg-stad

'D'Stad', zoals de Luxemburgers hun hoofdstad noemen, is het hart van het land en wordt doorsneden door diepe kloven die de riviertjes de Alzette en de Pétrusse in het rotsplateau hebben uitgesleten. Smalle straatjes in de oude binnenstad en moderne winkelstraten nodigen uit tot urenlang slenteren en winkelen, met tussendoor een pauze op een van de pleinen of in een van vele cafés. Overblijfselen van een vesting en nieuwbouw, fastfood en haute cuisine, hectiek en rust liggen hier dicht bij elkaar – Europese flair met een vleugje provincie.

In de hoofdstad

D/E 9 en kaart 2

Toen graaf Siegfried in 963 hier zijn Lützelburg liet bouwen, zal hij niet hebben gedacht dat eromheen ooit een grote stad zou ontstaan. De vesting – ooit de grootste van Europa – was bij andere Europese heersers zeer in trek vanwege de strategische ligging; telkens weer probeerden ze zich er meester van te maken. Ontelbare keren werd het bouwwerk verwoest, herbouwd en uitgebreid – tot het uiteindelijk werd ontmanteld. Nu nodigen oude weergangen uit tot verkenningen en voormalige exercitiepleinen tot een pauze. De stad zelf ademt een internationale sfeer. Hier kun je bij een Italiaanse figaro je haar laten knippen, bij een Franse tailleur kleding laten aanmeten, het atelier van een Spaanse schilder bezoeken en aansluitend naar een Ierse pub gaan.

'Gëlle Fra', de Luxemburgse Nike.

BEZIENSWAARDIGHEDEN

Nekkramp voorkomen

Want die kun je krijgen als je de **'Gëlle Fra'**, de gouden godin van de overwinning, te lang bekijkt. Het beeld staat boven op de 21 m hoge obelisk van het **Monument du Souvenir** 1, waarmee op Place de la Constitution de oorlogsslachtoffers worden herdacht. De 'Gëlle Fra' zou een mengeling zijn van een Griekse godin en Maria met een sterrenkrans. De onthulling van het beeld wekte afgrijzen bij de geestelijkheid van Luxemburg, want die vond het accentuerende gewaad om het lichaam niets minder dan obsceen. Vanaf het plein heb je een mooi uitzicht op het groene dal van de Pétrusse, het 'Pastetchen' (een deel van de oude verdedigingswerken), de markante bruggen Viaduc Passerelle en Pont Adolphe en het kasteelachtige gebouw met de hoge toren aan de andere kant van het dal. Veel mensen denken dat dat het kasteel van de groothertog is, maar het is het onderkomen van de Banque et Caisse d'Epargne de l'Etat. Onder het plein liggen de Pétrusse-kazematten, een doolhof van onderaardse gangen dat ooit voor defensieve doeleinden werd gebruikt.

De kloof in

Vanaf Place de la Constitution loop je zo de groene longen van de stad in; links van het plein voeren steile trappen omlaag. Als je beneden in het dal van de Pétrusse links afslaat, kom je bij het Viaduc Passerelle. Aan de voet van de brug ligt het reusachtige **skatepark Péitruss** 2, met alles erop en eraan. Zelfs uit Frankrijk, België en Duitsland komen skaters en BMX'ers om hier hun kunsten te vertonen. Je hoeft trouwens niet bang te zijn dat je ook weer via trappen omhoog moet klauteren uit het dal; als je onder de brug door naar de benedenstad loopt, kom je bij een lift.

Bezoek aan de betreurde koning

De **Cathédrale Notre-Dame** 3 (www.cathedrale.lu, ma.-za. 10-12, 14-17.30, zo. 14-17.30 uur, behalve tijdens de mis) met zijn spitse torens domineert de skyline van de stad. Het godshuis is in de 17e eeuw gebouwd door jezuïeten. Het lichte interieur is overwegend laatgotisch, op het oksaal met de weelderige renaissanceornamenten na. In het koor staat het hoofdaltaar met het genadebeeld van de consolatrix afflictorum (troosteres der bedrukten), de beschermheilige van zowel de stad als het land. Tijdens de Octave, de

De oude stad weerspiegelt sprookjesachtig in het water van de Pétrusse.

jaarlijkse bedevaartstijd (3e-5e zo. na Pasen) trekken drommen gelovigen naar het genadebeeld, dat dan in feestelijke kleding is gehuld (zoals een groen fluwelen gewaad, een geschenk van keizerin Maria Theresia). Op de prachtige gebrandschilderde ramen van de vorstenloge zijn onder anderen graaf Siegfried, de stichter van de stad, en koning Johan de Blinde afgebeeld, wiens imposante, door een beeldengroep betreurde tombe in de voorhal van de crypte staat. In de crypte zelf liggen de graven van de groothertogelijke familie, bewaakt door majestueuze bronzen leeuwen.

Even pauzeren

Het voormalige exercitieplein **Place d'Armes** 4, het 'Plëssdarem', is het kloppend hart van de hoofdstad. Cafés en restaurants met terrassen onder groene lindebomen nodigen uit tot pauzeren. Voor het Cercle Municipal (een stadspaleis) treden vaak straatartiesten op en in het muziekpaviljoen aan de overkant van het plein wordt 's zomers jazz, kamer- of blaasmuziek ten gehore gebracht. Erachter slaat de leeuw van het Luxemburgse wapen op het monument voor de volksdichters Michel Lentz en Edmond de la Fontaine de gezellige drukte gade.

Wilde dieren zijn er ook op **Place Guillaume II** 5: prachtige leeuwen flankeren de buitentrap van het neo-classicistische stadhuis en pal ernaast zit een vosje op een monument voor Michel Rodange. De Luxemburgse schrijver maakte in de 19e eeuw naam met zijn kritische epos *Rénert*, dat geïn-

L
LIFTEN

Hoe je van de bovenstad in de benedenstad kunt komen? Of van beneden naar boven? Neem gewoon de lift, er zijn er twee: de ene zoeft van de Cité Judiciaire naar de benedenstad Grund, de andere, van glas voorzien en met een prachtig panoramisch uitzicht, van het Parc Pescatore naar het Pfaffenthal. Met de fiets? Geen probleem, die past er ook in.

LUXEMBURG-STAD (LËTZEBUERG-STAD)

Bezienswaardig

1. Monument du Souvenir
2. Skatepark Péitruss
3. Cathédrale Notre-Dame
4. Place d'Armes
5. Place Guillaume II
6. Palais Grand-Ducal
7. Ënnert de Steiler
8. Église Saint-Michel
9. Melusina
10. Kirchberg
11. Musée d'Histoire de la Ville
12. Musée National d'Histoire Naturelle
13. Musée de la Banque
14. Casino Luxembourg – Forum d'Art Contemporain
15. Galerie d'Art Contemporain Am Tunnel
16. Villa Vauban – Musée d'Art de la Ville
17. Musée d'Histoire et d'Art

Overnachten

1. Simoncini
2. Hotel Français
3. Hotel Vauban
4. Hotel Carlton
5. Little Cabin von Jd&Al

Eten en drinken

1. Am Tiirmschen
2. Chiggeri
3. MUDAM Café
4. Mesa Verde
5. Memphis Coffee
6. Boston
7. Brasserie Guillaume
8. Um Dierfgen
9. Oberweis
10. Bacchus
11. Namur
12. Léa Linster

▸ blz. 20

Pont Grande Duchesse-Charlotte
Funiculaire
Gare Pont Rouge
Pfaffenthal-Kirchberg
Alzette
Rue St-Mathieu
N51
Bâtiment R. Schuman
Parc de Trois Glands
Fort Thüngen
Fondation Pescatote
Cote d'Eich
Rue Laurent Ménager
St-Matthieu
Rue des Trois Glands
Rue Vauban
Rue Jules Wilhelm
N7
Boulevard Royal
Maison de l'Europe
Allée Pierre de Mansfeld
R. W. Goergen
Montée de Pfaffenthal
Rue Sosthène Weis
Rue Mohrfels
Bd. J. Ulveling
Pl. des Bains
Rue des Bains
St-Alphonse
Rue Beaumont
Pl. du Théâtre
PFAFFENTHAL
Rue de l'Espérance
Rue du Nord
Côte d'Eich
Justizpalast
Bd. Victor Thorn
Pierre dite de Goethe
Rue du Fort Olizy
Montée de Clausen
N1
Rue Philippe II
Grand-Rue
Rue des Capucins
R. Génistre
Bock
Bockfels
R. Boucherie
R. Sigefroi
Place d'Armes
Rue du Curé
R. de la Reine
Abbaye de Neumünster
R. de Trèves
Rue du Rham
Av. Monterey
CENTRE
Place Guillaume II
Hôtel de Ville
Rue du Fosse
R. du Marché-aux-Herbes
Rue de l'Eau
Large
Corniche
GRUND
Rue Louvigny
Rue Notre-Dame
R. Chimay
Place de la Constitution
Bibl. National
Place de Clairefontaine
Rue Saint-Esprit
Chemin de la Corniche
Rue S. Weis
Centre du Rham
Blvd. F. D. Roosevelt
R. de la Congrégation
Trinité
Tunnel René Konen
Montée du Grund
Rue Münster
Rue Bisserwée
Lift
Rue St-Ulric
Pétrusse
Place de Metz
Place de St-Esprit
Monument de la Solidarité Nationale
Boulevard Gén. Patton
Boulevard de la Pétrusse
Rue Mathias Hardt
Minigolf
Chapelle St-Quirin
Viaduc
Goethe
N3
Place des Martyrs
Arclor/Arbed
Rue de Prague
Montée de la Pétrusse
Bd. d'Avranches
Av. du Gén. de Gaulle
Rue du Laboratoire
Rue Auguste Lumière
Rue C. G. Marshal
Rue Place des Martyrs
Avenue de la Liberté
Dicks
Sacre-Coeur
Av. de la Gare
Rue Sainte-Zithe
Place de Paris
Gare Centrale
Pont de la Concorde
R. du Laboratoire

Het Palais Grand-Ducal.

vervolg van blz. 18

Winkelen
1 Librairie Ernster
2 House of Villeroy & Boch
3 Boutique du Monde
4 L'Epicerie

Uitgaan
1 Bistrot d'Art et Scène
2 Banana's Bar
3 Théâtre des Capucins
4 Grand Théâtre
5 L'Observatoire
6 Café des Artistes
7 Scott's Pub
8 Oscar's Bar
9 Melusina
10 Centre Culturel de Rencontre Abbaye de Neumünster

Sport en activiteiten
1 D'Coque

spireerd was op Goethes *Reineke Fuchs* (Reinaert de vos). Officieel is het plein genoemd naar de Nederlandse koning Willem II, die ook groothertog van Luxemburg was en hier hoog in het zadel zit, maar in de volksmond heet het nog altijd 'Knuedler', naar de knopen in de gordel van de franciscanen, die hier in de 13e eeuw een klooster stichtten. Ook op dit plein bieden restaurants met grote terrassen de mogelijkheid om een hapje te eten of iets te drinken, maar je kunt ook gewoon op een van de bankjes onder de kastanjebomen neerstrijken. Tijdens de **bloemen- en groentemarkt** (za. en wo. 7.30-13.00 uur) is het hier een drukte van belang. Dat geldt ook gedurende de Octave, wanneer pelgrims naar het *Määrtchen* (marktje) op dit plein komen om iets te eten of een souvenir te kopen.

Op naar de groothertog

De versieringen op het **Palais Grand-Ducal** 6 doen heel Spaans-Moors aan, maar in werkelijkheid zou-

den het van oorsprong Romeinse patronen met bloemornamenten zijn die de gevel van het voormalige stadhuis uit 1575 sieren. Als de groothertog aanwezig is, wordt de nationale vlag gehesen. De wapenkamer en enkele zalen en salons met waardevolle meubels, tapijten, gobelins en schilderijen kunnen worden bezichtigd (alleen rondleidingen, half juli/aug. dag., € 12, met korting € 5, kaartjes en info bij het City Tourist Office (► blz. 36).
De grote poort rechts van het paleis is van de **stadswaag**, waar ooit karren werden gewogen om de hoogte van de tol te bepalen. Nu paradeert hier de paleiswacht. Even verderop staat het neogotische parlementsgebouw.

Zwerftocht door de oude stad

De oude stad met het doolhof van smalle, bochtige straatjes behoort tot het Werelderfgoed van de UNESCO. Een verkenningstocht kun je het best beginnen in **Rue de l'Eau**. In **Rue de la Loge**, waar de vrijmetselaars hun loge hadden, zie je een erkertorentje met de patriottische tekst 'Mir wölle bleiwe wat mir sin' (ik wil blijven wat ik ben). Een stukje verder in de schilderachtige huizenrij staat een prachtig, ooit **Ënnert de Steiler** 7 genaamd 16e-/17e-eeuws huis met een balkon dat door arcaden wordt gedragen. In een nis in de fraai geornamenteerde gevel staat een beeld van Anna-te-drieën (de moeder van Maria, Maria zelf en Jezus).
Ertegenover loopt de **Breedewée** (brede weg) steil omlaag door de **Hellepuert** (hellepoort) naar de benedenstad Grund. Het smalle straatje maakte deel uit van een Romeinse handelsweg die over het plateau voor de Bockrots liep. Daar lag vermoedelijk een Romeinse pleisterplaats, die in de 4e eeuw werd uitgebreid tot militaire post. Er vlak achter op de **Bockrots** liet graaf Siegfried in 963 zijn Lützelburg bouwen, en op het plein ervoor een kerkje. Later werd op dit plein de *marché aux poissons* (vismarkt) gehouden, die al snel werd omgeven door een aarden wal en enkele huizen.

B
BRAND!

In 1554 veroorzaakte blikseminslag in de kerk van de franciscanen een verwoestende explosie, aangezien er in het godshuis een grote hoeveelheid buskruit te drogen lag. De brand die daarna uitbrak, legde in een mum van tijd de hele bovenstad in de as, inclusief het stadhuis.

Op de fundamenten van het kerkje van Siegfried staat de meermaals verwoeste en even zovele keren herbouwde **Église Saint-Michel** 8, het oudste godshuis van de stad. Een wapen met lelies in het renaissanceportaal herinnert aan Lodewijk XIV, die in 1687 een fortuin spendeerde aan het herstel van de kerk – wat niet meer dan terecht was, want zijn kanonnen hadden de kerk schade toegebracht en de stad in de as gelegd. In 1795 sloegen Franse revolutionaire bendes het waardevolle interieur kort en klein, maar spaarden het beeld van de heilige Michaël naast het portaal, mogelijk omdat ze diens hoofddeksel aanzagen voor een jakobijnenmuts, het symbool van de Franse Revolutie.

W
WATER-NIMF

Jong was ze en mooi ook, toen graaf Siegfried haar tot zijn gemalin nam: **Melusina** 9. Haar geheim: ze was een waternimf. Toen de graaf daarachter kwam, stortte ze zich uit een raam van de Lützelburg en verdween in de Alzette. Sinds 2015 zit ze weer aan de rivier, helemaal in het purper. Het is een computerontwerp van de Luxemburgse kunstenaar Serge Ecker, dat in 3D is geprint.

1

Duizend jaar in honderd minuten – **Circuit Wenzel**

Imposante verdedigingsmuren, kazematten en citadellen – ooit werd de stad Luxemburg als het sterkste bastion van Europa beschouwd. De basis daarvoor werd ruim duizend jaar geleden gelegd door een zekere graaf Siegfried, die een kleine burcht liet bouwen op een rotsplateau hoog boven de rivier de Alzette.

Een speurtocht door de bewogen geschiedenis van Luxemburg kun je het best beginnen op de **Bockrots** 1. In zijn zoektocht naar een veilige locatie voor zijn residentie stuitte de uit de Ardennen afkomstige graaf Siegfried halverwege de 10e eeuw op deze rots. In 963 ging hij met de abdij St. Maximin bij Trier een transactie aan door anderhalve manse (land dat tot een hoeve of hofstede behoorde) van zijn bezit in Feulen te ruilen tegen 'het kasteel genaamd *Lucilinburhuc*'. Onder de oorkonde die de ruil bezegelde, staan de handtekeningen van 26 getuigen, onder wie de bottelier van de abdij. Van de burcht Lützelburg die Siegfried op de Bockrots liet bouwen, de bakermat van de stad en het land Luxemburg, is niets overgebleven. Een kleine, open hal met bordjes in verschillende talen markeert de plek waar deze heeft gestaan.

H
HOLLE KIES

De ruïne van een toren op de Bockrots, die *Huelen Zant* wordt genoemd omdat hij aan een holle kies doet denken, is geen overblijfsel van de burcht, maar een pseudoruïne van recentere datum: het is de romantische, 19e-eeuwse creatie van de Luxemburgse rijksbouwmeester Charles Arendt.

Ondergronds labyrint

Via een gang daal je af naar de **Bockkazematten**, die in 1644 door de Spanjaarden zijn aangelegd als verdedigingswerk en in 1714 door Oostenrijkse mijnbouwspecialisten zijn uitgebreid. Ze vormen een labyrint van in de rotsen uitgehouwen gangen en galerijen. De ingang bevindt zich onder de **kasteelbrug** 2.

In de bomvrije gewelven konden zich duizenden soldaten met hun paarden verschansen. Er werden grote hoeveelheden oorlogstuig opgeslagen en voor het geval dat er een langdurige belegering zou plaatsvinden, waren er zelfs opslagplaatsen voor proviand, keukens, bakkerijen en

Ooit een klooster, later een gevangenis, tegenwoordig een levendig cultureel centrum: de abdij Neumünster ziet terug op een bewogen verleden.

slachterijen ingericht. Water kon worden geput uit de 47 m diepe **bron van de burcht**.

De Oostenrijkse troepen hadden in 1794-1795 echter maar weinig aan al die voorzorgsmaatregelen tijdens de omsingeling van de stad door 25.000 Franse soldaten. Toen de uitgemergelde Oostenrijkers na een maandenlang beleg ook het laatste paard hadden opgegeten, hesen ze de witte vlag. De ontwapende troepen – 12.396 uitgehongerde soldaten – verlieten de vesting en lieten een kolossale hoeveelheid oorlogstuig achter: 16.000 geweren, 819 kanonnen, 336.800 kogels, 47.800 bommen, 114.700 granaten, 147.670 pond kruit, 202.490 pond brons en 40.800 pond lood.

Voor de kazematten kom je eerst in een archeologische **crypte**, waar de oorsprong van de stad Luxemburg uit de doeken wordt gedaan.

Het mooiste van Europa

Via de kasteelbrug loop je naar de **Corniche** 3, het 'mooiste balkon van Europa'. Deze 17e-eeuwse weergang biedt een fantastisch uitzicht op het dal van de Alzette en de benedenstad Grund, de abdij Neumünster, de Wenceslausmuur en het tegenovergelegen Rhamplateau.

Waar de Corniche in Rue Large overgaat, verlaat de gemarkeerde rondwandeling de weergang en voert door de poort eronder linksaf heuvelafwaarts naar het **'Stierchen'** 4, een schilderachtige brug over de Alzette. De brug dateert uit de 15e eeuw en had ooit twee torens, waarvan er een gerestaureerd is.

Rechts in de **Tutesall** 5 (zakzaal) zaten gevangenen ooit zakjes te plakken. De zaal hoort bij het complex van de voormalige abdij Neumünster, die van 1869 tot 1984 dienstdeed als gevangenis en tegenwoordig het levendige **culturele centrum Abbaye de Neumünster** huisvest. In de **abdijkerk St. Johann** 6 bevindt zich een beeld van de Zwarte Madonna, waarvan de donkere huid uit de tijd stamt dat zij werd aangeroepen om bijstand te verlenen tegen de Zwarte Dood. Het stond vroeger in de pestkapel van de franciscaner kerk.

'Feu, eau, terre, air', de manshoge roestvrijstalen vazen van Horst Gläsker symboliseren de vier elementen. De rode vaas staat voor vuur, de blauwgroene voor water, de barnsteenkleurig voor aarde en de blauwe voor lucht.

Tol? Niet nodig

Aan de andere kant van de Alzette gaat de route verder over de **verdedigingsmuur** die is aangelegd onder Wenceslaus II, de koning van Bohemen. De muur had 15 poorten en 37 torens, waarvan er slechts twee de sloop van de vesting in 1867 hebben overleefd. De dichtstbijzijnde grotere toren is de **Jacobstoren** 7. In de middeleeuwen was het verre van eenvoudig om de poort onder deze toren 's nachts zonder toestemming te passeren, want hij had een viervoudige beveiliging: drie deuren, met daartussen een valhek dat door uitsparingen in de muur omhoog en omlaag kon worden getrokken. Overdag moest bij het *Porthus*, een huisje voor de poort, tol worden betaald.

Op het **Rhamplateau** 8 heeft de vestingbouwer van de Franse koning Lodewijk XIV, Vauban, kazernes laten bouwen. Tot wel 1760 soldaten waren hier gelegerd, maar omdat er te weinig bedden waren, moesten die door drie man worden gedeeld. Terwijl de ene in bed lag, had een ander dienst en moest de derde paraat zijn. Tegenwoordig doet het complex dienst als verpleeghuis.

Vanaf de **rand van het plateau** 9 heb je een prachtig uitzicht op de imposante **Citadelle du Saint-Esprit** 10, die Vauban na de Franse inname van de stad in 1684 heeft laten bouwen. Hierna daal je via een wenteltrap af naar het dal van de Alzette en steek je via de weergang **'Maierschen'** 11 de rivier over. Vanaf Rue Saint Ulric kun je naar de rivier lopen, waar overblijfselen liggen van de **Grundsluis** 12 , die in 1731 door inventieve Oostenrijkse militairen is gebouwd. Met behulp van de sluis konden de rivierdalen over een afstand van enkele kilometers onder water worden gezet, zodat het oprukken van de vijand werd vertraagd.

Loop verder langs de oever van de rivier naar de brug en neem vervolgens de **lift** 13 omhoog naar het **Plateau du Saint-Esprit** met de *cité judiciaire*, de justitiële wijk, waarvan de statige gebouwen en uitgestrekte pleinen perfect harmoniëren met de historisch gegroeide stedelijke omgeving. Het elegante kunstwerk *Feu, Eau, Terre, Air* van de Duitser Horst Gläsker (2010), vier reusachtige roestvrijstalen vazen, staat met zijn kleuren symbool voor de vier elementen. Vanaf de promenade heb je een prachtig **uitzicht** op het dal van de Pétrusse.

In de buurt van het bruggenhoofd van het Viaduc Passerelle staat op een heuvel het **Monument de la Solidarité Nationale** 14. Voor het moderne monument brandt een eeuwige vlam ter nagedachtenis aan de doden uit de Tweede Wereldoorlog en de strijd en het lijden van het Luxemburgse volk tijdens de Duitse bezetting. In het monument worden de concentratiekampen en gevangenissen in herinnering gebracht waar talloze Luxemburgers de dood vonden. Een sobere, onbewerkte steen in de kapel is de symbolische grafsteen voor de doden.

INFO EN OPENINGSTIJDEN

Bockkazematten: Montée de Clausen, half feb.-mrt., okt.-begin nov. dag. 10-17.30, apr.-sept. tot 20.30 uur, € 6, met korting € 3-5.

Cultureel centrum Abbaye de Neumünster 5**:** 28, rue Münster, www.neimenster.lu, ma.-vr. 8-19, za./zo. 10-18 uur, toegang gratis. Exposities, concerten, theatervoorstellingen en seminars; er zijn ook een winkeltje en een restaurant.

ETEN EN DRINKEN

Brasserie Wenzel 1**:** 28, rue Münster, www.abbaye.lu, dag. 8-23 uur, à la carte € 14-28. Op het mooie terras van dit restaurant in de abdij Neumünster komen Franse gerechten op tafel.

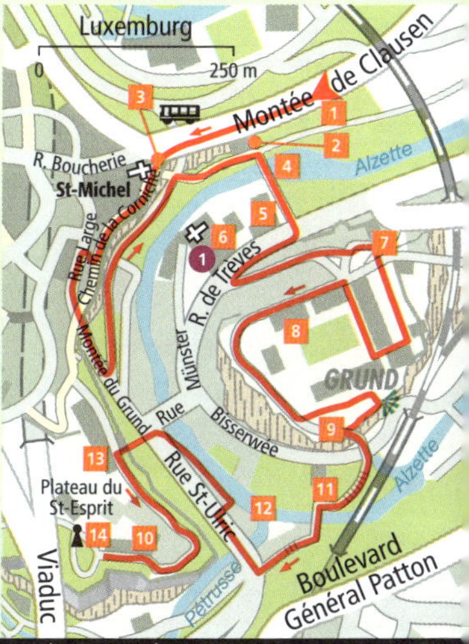

Uitneembare kaart: kaart 2, C 3/4 | Lengte en duur: ca. 3 km, 100 min.

Politiek, muziek en kunst

Op de **Kirchberg** 10 (▸ blz. 30) ligt onder ander het Centre Européen. Naast nationale en internationale banken hebben zich hier organen en organisaties van de EU gevestigd, zoals delen van het Europees parlement en de Europese Commissie, het Europese Gerechtshof, de Europese Rekenkamer, de Europese Investeringsbank en de Raad van de Europese Unie. Bovendien vind je er de Philharmonie, een museum en tal van sculpturen in de openlucht.

MUSEA

Graaf Siegfried stond aan de basis

Musée d'Histoire de la Ville de Luxembourg 11

Vier gerestaureerde herenhuizen met een enorme glasplaat ervoor, oftewel een venster op duizend jaar stadsgeschiedenis. Deze verfrissende symbiose van oude en moderne architectuur wordt binnen voortgezet. De reis door de tijd begint in de in de rotsen uitgehakte kelder met de geschiedenis van graaf Siegfried, die de Lützelburg liet bouwen en daarmee de aanzet gaf tot het ontstaan van de stad. Daarna voert de route omhoog door de stadsgeschiedenis, die in een interactieve multimediatentoonstelling wordt belicht. Met een glazen lift ga je van verdieping naar verdieping. Op overzichtelijke maquettes is te zien hoe de kleine burcht uitgroeide tot machtige vestingstad en hoe die zich na de ontmanteling van het bastion verder heeft ontwikkeld. Ook vind je hier exposities over de buitenlandse overheersers en hoe de stad en de maatschappij na hun vertrek zijn veranderd.

14, rue du St-Esprit, http://citymuseum.lu, di.-zo. 10-18, do. tot 20 uur, ma. gesl., behalve op feestdagen, € 5, met korting € 3 (do. vanaf 18 uur toegang gratis), kinderen en jeugd tot 21 jaar en studenten tot 26 jaar gratis

Over sterrenstof en het leven

Musée National d'Histoire Naturelle 12

Wat is 'het leven' eigenlijk? Waar komt het vandaan? Hoe verandert het? Wat heeft de reusachtige Amerikaanse bizon te maken met de dikdik, een Afrikaanse dwergantilope die nauwelijks groter is dan een haas? Is onze blauwe planeet er eigenlijk altijd geweest? En hoe zat het precies met de big bang? Hier kom

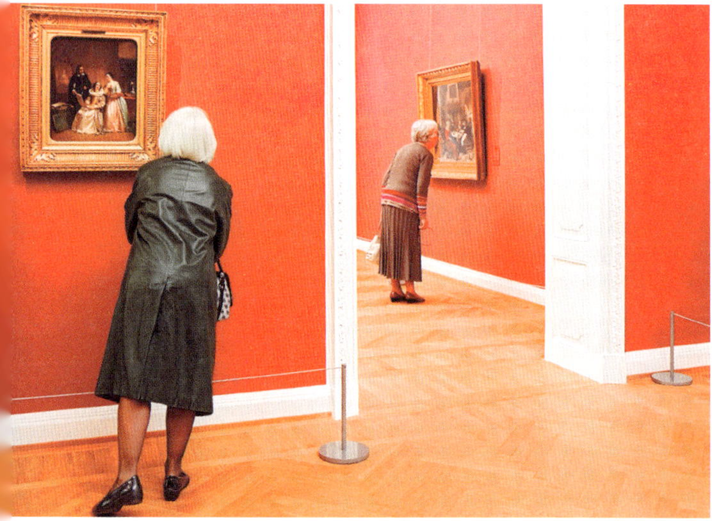

Er valt heel wat te kijken in de Villa Vauban.

je een heel stuk dichter bij het antwoord op deze vragen. Het is leuk om met het hele gezin een ontdekkingsreis door het museum te maken. Daarbij kom je ook langs een verzameling meteorieten en andere ingeslagen gesteenten.

25, rue Münster, www.mnhn.lu, di.-zo. 10-18, di. tot 20 uur, € 4,50, met korting € 3 (di. vanaf 18 uur toegang gratis), kinderen en jeugd tot 21 jaar en studenten tot 26 jaar gratis

Al eens in een kluis geweest?

Musée de la Banque 13

Een geheimzinnige kluis, spaarpotten uit de hele wereld en filmbeelden van brutale bankovervallers als Lucky Luke en Louis de Funès, allemaal in de Luxemburgse Banque et Caisse d'Epargne de l'Etat.

1, place de Metz, tel. 40 15 24 50, ma.-vr. 9-17.30 uur, toegang gratis

Kunst van hoog niveau

Casino Luxembourg – Forum d'Art Contemporain 14

In de voormalige ontmoetingsplaats van de bourgeoisie stellen uitstekende hedendaagse kunstenaars hun werk tentoon. Naast wisseltentoonstellingen vinden er forumdiscussies, workshops en performances plaats.

41, rue Notre-Dame, www.casino-luxembourg.lu, dag. behalve di. 11-19, do. tot 23 uur, € 5, met korting € 3 (do. 18-23 uur toegang gratis)

Kunst in de tunnel

Galerie d'Art Contemporain Am Tunnel 15

In een 380 m lange tunnel, die 15 m onder de grond ligt en de verbinding vormde tussen enkele gebouwen van de Banque et Caisse d'Epargne de l'Etat rond Place de Metz, vind je een permanente tentoonstelling met foto's van Edward Steichen en tijdelijke tentoonstellingen met werken van hedendaagse Luxemburgers kunstenaars.

16, rue St-Zithe, ma.-za. 9-17.30, zo. 14-18 uur, toegang gratis

Ontspannen genieten van kunst

Villa Vauban – Musée d'Art de la Ville de Luxembourg 16

Wat vroeger alleen voorbehouden was aan gasten van de verzamelaar, wordt nu aan het publiek getoond: schilderijen, ook van Nederlandse schilders uit de Gouden Eeuw (17e eeuw), grafische werken, sculpturen, Franse landschapsschilderkunst uit de 19e eeuw en Europese kunst van de 17e tot de 19e eeuw.

18, av. Emile Reuter, www.villavauban.lu. wo.-ma. 10-18, vr. tot 21 uur, € 5 (vr. vanaf 18 uur toegang gratis), kinderen en jeugd tot 21 jaar, studenten tot 26 jaar, ouderen vanaf 61 jaar en mensen met een beperking gratis

ETEN, SHOPPEN, SLAPEN

Overnachten

Kunst in het hotel

Simoncini 1

Moderne kunst en een moderne inrichting, van de lobby, de galerie en het trappenhuis tot de lichte kamers en de ontbijtzaal. Sneeuwwitte muren, een wit interieur, zelfs het gebouw is aan de buitenkant wit.

6, rue Notre Dame, tel. 22 28 44, www.hotelsimoncini.lu, 2 pk € 145-205

Aan het mooiste plein

Hotel Français 2

Hedendaags interieur en aparte kamers – waarvan er een geschikt is voor rolstoelgebruikers – met uitzicht op het mooiste plein in het hart van de stad. Populaire brasserie-restaurant Le Café Français (dag. 10-23 uur).

14, place d'Armes, tel. 47 45 34, www.hotelfrancais.lu, 2 pk vanaf € 105

Centraal

Hotel Vauban 3

Comfortabel hotel aan een van de mooie pleinen in het centrum. Alle kamers hebben gratis wifi.

10, place Guillaume II, tel. 22 04 93, www.hotelvauban.lu, 2 pk vanaf € 100

Een en al charme

Hotel Carlton 4

Met de grote glas-in-loodramen en de

#2

Een reis door de tijd – **Musée National d'Histoire et d'Art**

Maak een meeslepende reis door de tijd, die helemaal beneden in de met explosieven gecreëerde kelderruimten begint met de prehistorie en eindigt bij kunstwerken uit de moderne tijd. Bovendien zijn er in de oude herenhuizen – met onder andere een pronkkamer en een rustieke keuken – exposities van volkskunst en kunstnijverheid te bezichtigen.

In het **Musée National d'Histoire et d'Art** 17 daal je in een glazen lift af naar de **steentijd** (verdieping -5). Omgeven door botten van mammoeten en oerossen, stenen pijlpunten en vuistbijlen ligt hier de **oudste Luxemburger**, of beter gezegd diens skelet, 1,60 m lang en circa achtduizend jaar oud.

Wie zijn we, waar komen we vandaan en waar gaan we naartoe?

Neem vervolgens de lift naar de **brons- en ijzertijd** (verdieping -4). In het Midden-Oosten werd zesduizend jaar geleden al metaal gebruikt, maar in West-Europa gebeurde dat pas vanaf circa 1800 v.Chr. Daarna gingen de ontwikkelingen echter razendsnel: wapens, werktuigen en sieraden werden massaal geproduceerd. De komst van de Romeinen zorgde opnieuw voor een grote bloei.

De drie verdiepingen -3 tot en met -1 zijn gewijd aan de **Gallo-Romeinse tijd**. De hoofdthema's zijn de Romeinse *vicus* (nederzetting), het dagelijks leven in de villa's, religie en begrafenisrituelen. Een hoogtepunt is het Romeinse **vloermozaïek** (verdieping -3).

Een deel van verdieping -1 en verdieping +1 zijn gewijd aan de **middeleeuwen**, met onder andere voorwerpen die verbonden zijn met de tijd van de Merovingers, de stichting van de abdij van Echternach, de graven van Luxemburg en de opbouw van de middeleeuwse maatschappij, religie en het leven van alledag. Je ziet hier ook een reusachtig koperen **reliëf van de vesting Luxemburg** in 1867.

Achter de gevel van het gebouw van Christian Bauer Associés gaat een ware schatkamer schuil.

Een schat aan schilderijen

Verdieping +2 is gewijd aan de belangrijkste Luxemburgse schilder van de 20e eeuw, **Joseph Kutter** (1894-1941). De hier getoonde, elk ruim 12 m² grote stadsgezichten van Clervaux en Luxemburg heeft hij geschilderd voor de Wereldtentoonstelling van 1937 in Parijs. Andere prachtige schilderijen van hem zijn bijvoorbeeld *Le champion* en *Le cheval de bois*.

De kunstcollectie op verdieping +3 omvat behalve werken van oude Italiaanse en Vlaamse meesters ook aquarellen met stadsgezichten van Luxemburg van de Engelse landschapsschilder **William Turner** (1775-1851). Er is ook een tekening met de toren van het kasteel van Schengen, die Victor Hugo rond een koffievlek op een servet heeft gemaakt. In de verzameling moderne kunst zijn grote namen als Picasso, Cézanne, Magritte en Delvaux vertegenwoordigd. Veel aandacht is er voor de nationale kunst van de 19e en 20e eeuw, met werken van Nicolas Liez, Michel Sinner en Dominique Lang.

Van ketelhaak tot designerkeuken

Voor volkskunst, kunstnijverheid en de wooncultuur en levenswijze in Luxemburg van de middeleeuwen tot heden steek je vanuit het hoofdgebouw de voetgangersbrug over naar enkele oude herenhuizen.

INFO EN OPENINGSTIJDEN

Musée National d'Histoire et d'Art 17: Marché-aux-Poissons, www.mnha.lu, di.-zo. 10-18 uur (do. tot 20 uur en vanaf 17 uur toegang gratis), permanente tentoonstelling gratis, tijdelijke tentoonstellingen € 7, gezin (twee volwassenen met kinderen) € 10. Alle toelichtende teksten zijn in het Frans, maar bij de ingang kun je een audiogulde huren.

ETEN EN DRINKEN

Tegenover het museum kun je bij **Bistrot d'Art et Scène** 1 (6, rue Sigefroi, ma.-do. 10-1, vr./za. tot 3 uur, ▸ blz. 35) de opgedane indrukken verwerken onder het genot van een kop koffie, bij mooi weer op het terras.

Plattegrond: ▸ blz. 18

3

Wonen tussen betonnen paleizen – **kunst op de Kirchberg**

Domicilie van euro en eurocraten, van winkel- en culturele centra van glas, staal en beton, en overal fascinerende kunstwerken: het Kirchbergplateau ontpopt zich als speelplaats van gerenommeerde toparchitecten en uitstekende hedendaagse kunstenaars.

Kijkje in het MUDAM.

De 20 m hoge, roestige staalsculptuur **Exchange** 1 van Richard Serra markeert op een rotonde de toegang tot de stad. In het Parc Klosegroendchen staan de indrukwekkende **Coquille** 2, een granieten schaal van Bertrand Ney, en **L'Arbre à rêves** 3 van Paul Majerus, in het park van de Banque Générale du Luxembourg de witte beeldengroep **Elément d'architecture contorsionniste IV** 4 van Jean Dubuffet. Voor de Deka Bank verrijst de in een grijs pak gestoken **Langer Banker** 5 van het Berlijnse kunstenaarscollectief Inges Idee – met schoenmaat 96! Een kleurrijk beeld is Giovanni Teconi's **Grande Fleur qui marche** 6, een soort bloem op twee benen.

Wolk en schelpen

De sculptuur **Sarreguemines** 7 is door Frank Stella opgedragen aan de Luxemburgse staalarbeiders. De 'wolk van schroot' zou volgens de kunstenaar zelf geïnspireerd zijn op de rook van zijn sigaar. Voor de ingang van de met kegelvormig glaswerk bekroonde Deutsche Bank staat de riviergod **Clitunno** 8 van Markus Lüpertz en de foyer wordt gedomineerd door de indrukwekkende, 9 m hoge en 5 ton zware **Delphi heliotrop** van A.R. Penck.

Langs een **sculptuur zonder titel** 9 van Ulrich Rückriem kom je in het Parc Central. Een heuvel met de **Branche à rêves** 10 van Paul Majerus biedt een mooi uitzicht op het park en het **Coque** 11, een sport- en cultuurcomplex met een opvallende dakconstructie in de vorm van reusachtige schelpen. Langs de **Kyosk** 12, een geraffineerd vormgegeven blok beton van Polaris Architects kom je bij de **Philharmonie** 13 (Christian de Portzamparc), waarvan de sierlijke, gebogen architectuur een mooi tegenwicht vormt tegen de hoekige, torenachtige flats die aan weerszijden van het eind van de 'Rode Brug' staan.

Glas en dikke muren

De hedendaagse architectuur van het **Musée d'Art Moderne Grand-Duc Jean** 14 (MUDAM) versmelt met die van het Fort Thüngen uit 1732. Het avant-gardistische ontwerp is van de hand van toparchitect Ieoh Ming Pei, die ook de piramide van het Louvre in Parijs heeft ontworpen. Een wandeling door het Dräi Eechelen-park voert langs imposante sculpturen. De machtige kruittorens **Trois Glands** (drie eikels), overblijfselen van het Fort Thüngen, vormen de omlijsting van het **Musée Dräi Eechelen** 15. Hier draait alles om de vestingbouw, waarbij Luxemburg, het 'Gibraltar van het Noorden', centraal staat.

Een stoel, maar dan wel voor een reus

Andere kunstwerken op deze route zijn **Stuhl** 16 van Magdalena Jetelovà, **Kopf** 17 van Jeannot Bewing, **Non violence** 18 van Carl F. Reuterswärd (het origineel van dit beeld, een revolver met een knoop in de loop, staat voor het gebouw van de Verenigde Naties in New York) en Marta Pans **'Trois Îles'** 19, driehoekige eilandjes van roestvrij staal in een kunstmatig meer. Een stukje verderop staat **L'Africaine** 20 van Lucien Wercolliers, met prachtige gladde rondingen.

INFO EN OPENINGSTIJDEN

Te voet is deze route te lang en voor de auto ongeschikt; je kunt het best de fiets nemen (verhuur ► blz. 36). Beginpunt is de P+R aan het eind van Avenue J. F. Kennedy.

Musée d'Art Moderne Grand-Duc Jean 14: 3, Park Dräi Eechelen, www.mudam.lu, wo. 10-23, do.-ma., feestdagen 10-18 uur, € 7, met korting € 5 (wo. 18-23 uur toegang gratis).

Musée Dräi Eechelen 15: 5, Park Dräi Eechelen, www.m3e.public.lu, wo.-ma. 10-18, wo. tot 20 uur, € 5, met korting € 3 (wo. 18-20 uur toegang gratis).

ETEN EN DRINKEN

Bij **Manso** (1 37, Av. J. F. Kennedy, www.manso.lu) worden smakelijke mediterrane gerechten geserveerd.

Uitneembare kaart: kaart 2, C-E 1/2 | het best met de fiets trap uit de jaren twintig van de vorige eeuw ademt dit hotel nog iets van de charme van weleer, maar het is toch piekfijn gerenoveerd. Het station is vlakbij en het gebruik van internet is gratis.

7, rue de Strasbourg, tel. 29 96 60, www.carlton.lu, 2 pk vanaf € 140

Huisje in het groen

Little Cabin van Jd&Al 5

Idyllisch gelegen huisje met slaapkamer, badkamer en toilet op een kwartiertje rijden van de stad, midden in het groen. Ben je toevallig met een elektrische auto gekomen, dan kun je hier je accu opladen bij een laadpaal, als je stekker er tenminste op past. O ja, Kniddel en Knetsch, de twee katten, en Linc, de hond, zul je hier beslist ook leren kennen.

Te boeken via: https://www.airbnb.com/rooms/9100027, € 80 excl. € 15 schoonmaak

Terrasje in de oude stad.

Eten en drinken

Romantisch

Am Tiirmschen 1

Buiten het torentje met de lijfspreuk van de Luxemburgers 'Mir wölle bleiwen wat mir sin', binnen rustiek met eiken balken, open haard en oude stenen – een vleugje middeleeuwen. Op de kaart staan verscheidene typisch Luxemburgse gerechten, zoals *bouneschlupp mat mettwurst* en *feierstengszalot.*

32, rue de l'Eau, tel. 26 27 07 33, 12-14, 19-22 uur, za.-middag, ma.-middag, zon- en feestdagen gesl., hoofdgerecht vanaf € 18

Eten bij de wijn?

Chiggeri 2

Beneden een levendig restaurant-café met new age-interieur, boven een restaurant in etnodesign. Ook in de met lantaarns verlichte wintertuin en op het terras kun je leuk zitten. Maar is het hier nu wijn bij het eten of eten bij de wijn? Dat is de vraag nadat je de wenteltrap hebt beklommen, want je kunt hier bij de voortreffelijke seizoensgerechten uit meer dan 2200 wijnen kiezen – het restaurant is dan ook opgenomen in het *Guinness Book of Records*.

15, rue du Nord, tel. 22 99 36, www.chiggeri.lu, dag. 12-15, 19-24 uur, salade vanaf € 17, hoofdgerecht vanaf € 26

Aan de groene tafel

Mesa Verde 4

Hét adres voor vegetariërs, maar er komen ook verrukkelijke visgerechten op tafel. Topkok Lucien Elsen, schrijver van een succesvol kookboek, hecht veel waarde aan originaliteit. Druk restaurant met een kleurrijke inrichting en een sfeervolle ambiance.

11, rue du St-Ésprit, tel. 46 41 26, www.mesa.lu, di.-za. 18.30-24, wo.-vr. ook 12-14 uur, dagmenu vanaf € 10,50

Hamburgers en een jukebox

Memphis Coffee 5

Uit de jukebox klinkt muziek uit de jaren vijftig, uit de keuken komen onder andere hamburgers als 'Sloopy Joe',

KUNST EN CULINAIRE LEKKERNIJEN

MUDAM Café ③
Wie na een rondje langs de kunstwerken van het Musée d'Art Moderne Grand-Duc Jean (MUDAM) trek heeft gekregen, hoeft niet lang te zoeken naar een restaurant, want in het café van het museum wordt culinaire kunst bedreven. Voor de lunch bestaat de keuze uit lokale specialiteiten en lekkernijen die bereid zijn met regionale ingrediënten, waaronder vegetarische en veganistische opties, en natuurlijk glutenvrij. Wat later op de middag (15-17 uur) kun je hier kleine gerechtjes krijgen, zoals een soepje, een quiche, een snack of een zelfgemaakt dessert. Op zaterdag en zondag (11-15 uur) wordt een traditionele en veganistische brunch geserveerd.
Onder de titel 'Up to eleven' organiseert het MUDAM Café op woensdagavond van 18-23 uur allerlei evenementen, zoals liveconcerten en andere optredens (toegang gratis). Ook dan wordt er voor iets lekkers gezorgd, bijvoorbeeld de 'Cheesy', een baguette of glutenvrije toast met verse geitenkaas, kruiden en specerijen, geserveerd met een groene salade (3, Park Dräi Eechelen, tel. 453 78 59 70, www.mudam.lu/de/le-musee/boutique-cafe, ma.-vr. 12-15 uur, € 6-13, kleine kaart na 15 uur € 6-8,50).

'Rocky', 'Crazy Memphis' en 'New Orleans', een 'BLT-sandwich' met bacon, sla en tomaat, en steaks. Vegetariërs hebben hier eigenlijk niets te zoeken en veganisten al helemaal niet!
233, rue de Beggen, tel. 52 70 30, www.memphis-coffee.com, hamburger vanaf ca. € 9

Helemaal zoals in Portugal

Boston ⑥
Blauw-witte tegeltjes – *azulejos* – op de muren en de pilaren, en op de menukaart onder andere *frango* (kip), *carne de porco* (varkensvlees) en *peixe* (vis). Je eet hier zoals in Portugal en wat de porties betreft wordt er geen half werk geleverd. Voor de lunch kun je het best naar de *prato do dia* vragen, de dagschotel. Vanzelfsprekend komen hier ook veel Portugezen eten.
82, Dernier Sol, tel. 48 99 03, dag. 12-14.30, 18.30-21.30 uur, dagschotel ca. € 10

Lëtzebuergesch
Brasserie Guillaume 7

Beneden een brasserie met traditionele Luxemburgse gerechten, boven met een verfijnde Franse keuken waar specialiteiten als kreeft en carpaccio tot de specialiteiten behoren. In de zomer kun je op het terras op Place Guillaume II plaatsnemen.

14, place Guillaume II, tel. 26 20 20 20, www.brasserieguillaume.lu, dag. 7.30-1, keuken 11-24 uur, dagschotel € 12,50

Klein maar fijn
Um Dierfgen 8

De tafeltjes in dit klassiek ingerichte restaurantje staan verspreid over twee verdiepingen. Op de kaart staat een goede keuze aan Luxemburgse gerechten – zoals *steak de cheval* – voor schappelijke prijzen.

4, Côte d'Eich, tel. 22 61 41, www.umdierfgen.lu, restaurant dag. 11.30-14.30, 18-22, brasserie 10-15, 18-23 uur, dagmenu € 12,50, hoofdgerecht vanaf € 20

Op de markt op Champ du Glacis zijn heel veel bijzondere luchtjes te ruiken.

Witte bergen
Oberweis 9

Luxemburgse specialiteiten en andere zoetigheden. Kenners roemen vooral de montblancs – niet voor niets is Oberweis (net als Namur overigens) hofleverancier.

19, Grand-Rue, tel. 47 07 03, www.oberweis.lu, ma. 10-18.15, ma.-vr. 7.30-18.30, za. 8-19 uur

Italiaans
Bacchus 10

Vijfentwintig verschillende pizza's – die tot de beste van de stad behoren –, pasta, salades en nog veel meer. Meestal is het hier behoorlijk druk en voor de lunch moet je zeker reserveren.

32, rue du Marché-aux-herbes, tel. 47 13 97, di.-zo. 12-14.30, 18-23.30 uur, pizza vanaf ca. € 8

Zoetigheid
Namur 11

Voor koekjes, warme chocolademelk of een ontbijtje met lekkere croissants ben je hier aan het juiste adres.

27, rue des Capucins, tel. 22 34 08, www.namur.lu, ma. 11.30-18, di.-za. 8.30-18 uur

Delicatessen
Léa Linster 12

Delicatessenwinkel van sterrenkok Léa Linster (▸ blz. 45). Lekkernijen voor fijnproevers, kookboeken en meer.

4, rue de l'Eau, tel. 27 85 85 00, www.lealinster.lu, di.-za. 10-18 uur

Winkelen

Voor al je vragen over winkelen in de stad kun je terecht bij het **Cityshopping Info Point** (Cercle Place d'Armes, tel. 26 27 02 70, www.cityshopping.lu, di.-za. 10-18 uur). **Grand-Rue** is een winkelstraat met chique winkels en winkelcentra en in **Rue Philippe II** en **Rue du Nord** vind je trendy modeboetieks. Jonge mensen met een beperkt budget komen in de **wijk rond het station** aan hun trekken.
Van april tot oktober vindt er op de eerste zondag van de maand een

rommelmarkt plaats op **Place Guillaume II** (▸ blz. 17) en in de zomer op vrijwel elke tweede en vierde zaterdag van de maand op **Place d'Armes** (▸ blz. 17). Meer informatie: http://threemar.webplaza.lu/brocante.

Ouwe getrouwe
Librairie Ernster 1

In deze boekhandel, die al in 1889 zijn deuren opende, vind je boeken in verschillende talen.

27, rue du Fossé, tel. 22 50 77-333, www.ernster.com, ma.-za. 9-18 uur

Pas op, breekbaar!
The House of Villeroy & Boch 2

Porselein uit de beroemde fabriek.

2, rue du Fossé, tel. 46 33 43, www.villeroy-boch.com, infocentrum: 330, rue du Rollingergrund, tel. 46 82 11

Eerlijke handel
Boutique du Monde/WeltButtek 3

Wereldwinkel met fairtradeproducten als kleding, kunstnijverheid, sieraden, boeken en delicatessen. Filialen zijn er onder andere in Esch-sur-Alzette, Dudelange en Bettembourg.

6, rue Génistre, tel. 47 00 77, www.weltbutteker.lu, ma. 13-18, di.-za. 9-18 uur

Lekkernijen
L'Epicerie 4

Verfijnde delicatessen zoals olijven, olijventapenade, noedels, olie, specerijen uit de hele wereld, jam, banket, azijn en wijn. Ook veel regionale producten.

17, rue Louvigny, tel. 229 49 31, ma. 12-18.30, di.-vr. 8-18.30, za. 8-18 uur

Uitgaan

Voor informatie over actuele uitgaansmogelijkheden in zowel de stad als het land Luxemburg kijk je in de dagbladen *Luxemburger Wort* en *Tageblatt*, op de websites van het Office National du Tourism (ONT, www.visitluxembourg.com) en het City Tourist Office (www.lcto.lu) of in het gratis magazine *City* (Frans- en Engelstalig, ook online via https://city.vdl.lu).
Tickets: www.luxembourg-ticket.lu.

Hier klinkt muziek
Bistrot d'Art et Scène 1

Lekkere cocktails, goede whisky's en een mooi terras. Wat wil je nog meer? Muziek? Dansen? Ook dat kan, in het weekend: jazz, rock, blues – en nog live ook.

6, rue Sigefroi, tel. 22 83 63, ma.-vr. 10-1, za. 11-1 uur

Dynamisch
Banana's Bar 2

Levendige, soms hectische brasserie met een veelal jong publiek.

9, avenue Monterey (Place d'Armes), tel. 621 66 03 09, www.bananas.lu

Klassiek en creatief
Théâtre des Capucins 3

Bekende klassiekers uit de wereldliteratuur, maar ook nieuw werk.

9, place du Théâtre, tel. 47 96 39 00, www.theatres.lu

Van opera tot circus
Grand Théâtre de la Ville de Luxembourg 4

Voorstellingen in het Frans, Lëtzebuergesch of Duits.

1, rond-point Schuman, tel. 47 96 39 00, www.theatres.lu, okt.-mei, kaarten vanaf € 8

Aperitiefje met uitzicht
L'Observatoire 5

Zowel de cocktails als het uitzicht zijn duizelingwekkend. Het barpersoneel op de achtste verdieping van het Sofitel Luxembourg le Grand Ducal verstaat zijn vak.

40, boulevard d'Avranches, tel. 24 87 71, dag. tot 1 uur

Nostalgisch
Café des Artistes 6

Klein café met posters van grote kunstenaars aan de muren. Vooral als er iemand op de piano speelt, hangt er een levendige sfeer.

22, montée du Grund, tel. 46 13 27, di.-zo. 22-2 uur

Iers

Scott's Pub 7

Gezellige Ierse pub aan de Alzette met een mooi terras. Guinness en ander gerstenat voor de grote dorst, panini's voor de kleine trek.

4, Bisserweg, tel. 22 64 75, www.scotts.lu, dag. 11-1 uur

Oscar's Bar 8

Authentieke en gezellige ontmoetingsplaats van Britten in de hoofdstad, met live-entertainment. De glazen worden gevuld met Guinness, de borden met panini's, zoals *model millionaire*, *selfish giant* en *smoked salmon*.

9, Bisserweg, tel. 26 20 30 15, dag. open

Dansen

Melusina 9

Drukke discotheek, internationale dj's, hiphop, house, rhythm-and-blues, ook party-avonden. Twee verdiepingen.

145, rue de la Tour Jacob, vr./za. 23-3 uur

Veelzijdig

Centre Culturel de Rencontre Abbaye de Neumünster 10

Tentoonstellingen, concerten en theatervoorstellingen in de voormalige benedictijnenabdij.

28, rue Münster, tel. 26 20 52-1, www.neimenster.lu

Sport en activiteiten

Klimmen en boulderen

D'Coque 1

Een ultramoderne klimmuur met een oppervlakte van 690 m² en een hoogte van 13 m en een 3 m hoge *boulder wall* voor klimmen zonder net (maar met een dikke mat). Kleding en uitrusting zijn te huur.

2, rue Léon Hengen, Luxemburg-Kirchberg, tel. 43 60 60-1, www.coque.lu

INFORMATIE

City Tourist Office: 30, place Guillaume II, tel. 22 28 09, www.lcto.lu, okt- mrt. ma.-za. 9-18, apr.-sept. 9-19, zon- en feestdagen hele jaar door 10-18 uur.

Openbaar vervoer: het kleine centrum is prima te voet te verkennen. Vanaf het station kun je ook een bus nemen naar de andere kant van de Alzette, ten noorden van de Blvd. F.D. Roosevelt (lijn 20, uitstappen: derde halte, Place de la Constitution). In dat deel van het centrum heb je geen bus nodig om musea en andere bezienswaardigheden te bereiken.

Parkeren: voor een bezoek van één dag is het aan te bevelen om je auto achter te laten op een van de gratis P+R-terreinen (www.tout-luxembourg.com/parking/gratuit-p-r) aan de rand van de stad en de bus naar het centrum te nemen.

City Night Bus: vr./za. 21.30-3.30 uur. Bars, restaurants, theater, bioscoop, clubs en disco's – de gratis City Night Bus rijdt om het kwartier tot halfuur. Lijn CN1 rijdt tussen de bovenstad en de wijken Hollerich, Gare, Clausen, Neudorf en Cents en doet de parkeerplaatsen Glacis en Bouillon aan (21.30-3.30 uur om het kwartier). De lijnen CN2, CN3 en CN4 (0.30-3.30 uur om het halfuur) verbinden het Centre Hamilius (busstation) met de stadsdelen Limpertsberg, Belair en Merl (CN2), Bonnevoie, Gasperich en Cessange (CN3) en Eich en Weimerskirch (CN4). Informatie en routes: www.mobiliteit.lu/se-deplacer/horaires-et-reseaux/nightbus.

Stadswandeling: City Promenade, volwassenen € 14, met korting € 7-12, www.lcto.lu.

Fietsverhuur: de fietsen van Vel'oh staan bij meer dan zeventig stallingen in de stad en zijn te herkennen aan het grote blauwe spatbord. Bij elke stalling staat een betaalzuil, waar je kunt betalen met bankpas of creditcard. Tel. 800 611 00 (vanuit het buitenland +352 27 88 87 46), www.veloh.lu.

Segway/Ninebot: eerst twintig minuten oefenen en dan zeventig minuten op de segway door de stad, in groepen van minimaal twee en maximaal zeven personen (tel. 671 55 79 32, www.mobilboard.com).

De voormalige brouwerij Mousel & Clausen is nu een hippe ontmoetingsplaats.

Hop-on, hop-offbus: stadsrondrit in een deels open dubbeldekkerbus met audiogids (www.sightseeing.lu, € 14, met korting € 7-12, eind apr.-okt. dag. 9.40-17.20 uur, 's zomers laatste vertrek 19 uur, om de 20 min., tickets zijn 24 uur geldig en op de volgende locaties te koop: Place de la Constitution, Montée de Clausen (bij de Bockkazematten), Luxembourg City Tourist Office (Place Guillaume II), enkele hotels en de bus.
Pétrusse Express: de gifgroene Pétrusse Express met audiogids rijdt door de bochtige straatjes van de oude stad en langs de vesting (eind mrt.-okt. dag. 10-18 uur, om het halfuur, volwassenen € 9, met korting € 5, vertrek en ticketverkoop: Bockrots, Montée de Clausen, www.sightseeing.lu).

EVENEMENTEN

Festival Printemps Musical: uitstekende concerten op verschillende locaties (feb.-apr., www.lcto.lu/printemps-musical).
Summer in the City: theatervoorstellingen, films, tentoonstellingen, markten en folklore, allemaal in de openlucht (half juni-half sept., tel. 22 28 09, www.summerinthecity.lu).
Plëss in Concert: concerten en evenementen in het paviljoen op Place d'Armes (juni of juli).
Rock um Knuedler: openluchtfestival op de Knuedler (Place Guillaume II), Place de la Constitution en in Rue du Saint-Esprit. Enkele concerten vinden plaats in de Bockkazematten (half juli, toegang gratis, www.luxembourg-city.com/rock-um-knuedler).
Schueberfouer: twee weken durende jaarmarkt, de grootste van Luxemburg. De markt wordt van oudsher geopend met een grote optocht, waarbij in de nationale kleuren versierde schapen met herders door de stad trekken (vanaf 20 aug. op Champ du Glacis, www.fouer.lu).

Het Gutland en de Minett

Levendige plaatsen als Ettelbruck en Diekirch, het 'dal van de zeven kastelen' en de 'Linster-dorpen' zijn aantrekkelijke reisbestemmingen. De zware industrie van de Minett, helemaal in het zuiden, bracht het land welvaart, maar ook veel vervuiling. Tegenwoordig lopen er wandelpaden door het voormalige mijnbouwgebied en rijden er in plaats van lawaaierige ertstreinen nostalgische stoomlocomotieven over het spoor. Esch-sur-Alzette heeft zich allang van het roet ontdaan en presenteert zich als een bloeiende winkel- en universiteitsstad.

Esch-sur-Alzette (Esch-Uelzecht)

C/D 11

Vroeger rookten hier de schoorstenen van de hoogovens, tegenwoordig heeft de met 34.000 inwoners op een na grootste stad van Luxemburg een kleurrijk, kosmopolitisch centrum dat bruist van de vitaliteit. Er wonen hier mensen uit vele landen en het worden er steeds meer, want sinds een paar jaar ligt vlak naast de oude hoogovencomplexen in de wijk Beval de campus van de universiteit van Luxemburg.

BEZIENSWAARDIGHEDEN

In Esch zul je tevergeefs zoeken naar de Alzette, want de rivier stroomt verscholen in betonnen buizen onder **Rue de l'Alzette** door. In het autovrije gedeelte van deze winkelstraat, waar schuin geplaatste stalen masten met zeilen staan – een kunstwerk van Peter Rice –, kun je heerlijk op je gemakje winkels kijken. De jugendstil- en art-decogevels van de panden in het stadje vormen een interessante mengeling van oud en nieuw. De brochure *Architectuurwandeling* (verkrijgbaar bij het City Tourist Office, maar ook te downloaden via www.visitluxembourg.com/nl, zoekopdracht Esch-sur-Alzette) laat je tot in de details kennismaken met deze mooie gevels.

De wijk Belval in Esch-sur-Alzette is helemaal op de toekomst voorbereid.

Nieuwe wijk

De fascinerende nieuwe wijk **Belval** is ontstaan rondom twee buiten gebruik gestelde hoogovens en biedt onder andere appartementen, kantoren, de campus van de universiteit en het winkel- en amusementscentrum Belval Plaza. De gebouwen zien er allemaal even fris en modern uit.
Hoogoven A kun je beklimmen. Na 180 treden ben je op 40 m hoogte bij de mond (vulopening) van de hoogoven, waar je wordt beloond met een boeiend uitzicht (apr.-okt. wo.-vr. 10-19, za. 10-18, zo. 14-18 uur, € 5, met korting € 3, tot 14 jaar gratis). **Hoogoven C**, de derde hoogoven die hier ooit stond, werd in 1996 stukje bij beetje door Chinese arbeiders uit elkaar gehaald, verpakt en via Antwerpen en Sjanghai naar Kunming verscheept.

Natuurlijk natuur!

In het 2 km ten zuiden van de stad gelegen beschermde natuurgebied **Ellergronn** kun je op educatieve paden met informatieborden meer te weten komen over de verschillende biotopen. In het bezoekerscentrum vind je een smederij, in het kleine museum van de Cockerill-mijn een expositie over het leven in de mijnen (dag. 8.30-11.30 uur, toegang gratis) en de brasserie An der Schmëtt.

MUSEA

Postmodern en internationaal

Galerie Schlassgoart

In dit fascinerende, postmoderne gebouw worden werken van internationale kunstenaars tentoongesteld.

Boulevard Grande-Duchesse Charlotte/Penetrante de Lankelz, tel. 547 38 34 08, www.schlassgoart.lu, di.-zo. 15-19 uur, in de vakanties gesl.

Verzet

Musée National de la Résistance

Dit museum geeft een indrukwekkend beeld van het verzet van de Luxemburgse bevolking tegen de nazi's. Naast het functionalistische gebouw staat het bronzen monument *Abraccio* van de Luxemburgse kunstenares Marie-Josée Kerschen.

Place de la Résistance, tel. 54 84 72, www.esch.lu, di.-zo. 14-18 uur, toegang gratis

ETEN, SHOPPEN, SLAPEN

Overnachten

Charmant en comfortabel

Hotel Acacia

Dit hotel biedt 23 comfortabele kamers, een bar en een restaurant met een traditionele keuken

10, rue de la Libération, tel. 54 10 61, www.hotel-acacia.lu, 2 pk vanaf € 104, halfpension mogelijk

Opgehangen wordt hier niemand

The Seven Hotel

Dit designhotel met zijn grote en lichte kamers ligt op de Galgenberg, midden in het stadspark. In het bijbehorende restaurant Bosque FeVi komen creatieve gerechten op tafel. Er is ook een tapasbar.

50, Parc Gaalgebierg, tel. 54 02 28, www.thesevenhotel.lu. 2 pk vanaf € 125, ontbijt € 18 p.p.; restaurant dag. 12-14, 18-22.30 uur, à la carte vanaf ca. € 22

Eten en drinken

Authentiek

Brasserie K116

In dit voormalige abattoir, dat tegenwoordig dienstdoet als cultureel centrum, vind je ook een brasserie waar het uitstekend eten is.

116, rue de Luxembourg, tel. 26 17 59 74, www.k116.lu, ma. 11-15, di.-vr. 11-15, 18-24, za. 18-24 uur, dagmenu € 10,60-17

Winkelen

Urban living

Belval Plaza

Winkels, restaurants, een bioscoop en een fitnesscentrum – het is hier allemaal te vinden.

#4

Het stoomt en ratelt – **in het Minett Park Fond-de-Gras**

Eerst met een nostalgische stoomtrein naar Fond-de-Gras, vervolgens over een smalspoor door de mijngangen. Onderweg kun je je vergapen aan historische locomotieven, wagons en machines – echt iets voor treinliefhebbers, van jong tot oud.

De Prênzebierg is doorzeefd met gangen. Decennialang is hier ijzererts gewonnen, dat werd afgevoerd via de in 1879 voltooide **Ligne des Minières**, het mijnspoor. Een eeuw later was het hier echter alweer gedaan met de mijnbouwactiviteiten.

Nieuw leven ingeblazen

De rails, locomotieven en wagons waren al aan het wegkwijnen toen enkele idealisten zich erover ontfermden. Nu tuffen er weer treinen over de oude tracés – het gewone spoor **Train 1900** en het smalspoor **Minièresbunn** –, maar worden er bezoekers vervoerd in plaats van erts. Je kunt kiezen tussen het pluche van de eerste klas en de houten banken van de tweede, en of je van Pétange naar Fond-de-Gras wilt reizen of juist omgekeerd. Je kunt natuurlijk ook alleen rondkijken in het Minett Park.

De zogeheten Uerdinger Schienenbus (railbus; 1951) in Fond-de-Gras.

Een peer van twee ton

In het **oude station** 1, waar nooit een treinreiziger binnen is geweest, kun je drankjes, koffie en gebak kopen. In de hal staan gerestaureerde locomotieven, personen- en goederenwagons. Interessant zijn ook de twee ton zware **bessemerpeer** 2, waarin van ruwijzer fosforvrij staal werd vervaardigd, de **walsstraat** 3 en de **elektriciteitscentrale** 4.

In het voormalige mijnwerkerscafé **Bei der Giedel** ❶, kun je een biertje drinken. Ernaast liggen de vroegere arbeiderswoningen en het oude kruidenierswinkeltje **Épicerie Binck** 5.

Op een smalspoor

Aan de voet van het café begint het smalspoor Minièresbunn. Met de stoomlocomotief gaat het naar de **Doihlmijn** 6, en daar verder met een elektrische locomotief door een 1400 m lange tunnel. Aansluitend krijg je een rondleiding door de mijn.

In **Lasauvage** kun je het vroegere mijnwerkersdorp bekijken. Het **Espace Muséologique** 7 is gewijd aan de geschiedenis van het dorp en aan 122 Luxemburgse deserteurs die zich tijdens de Tweede Wereldoorlog in de mijn Hondsbësch verborgen hielden voor de Duitse Wehrmacht.

In het **Musée Eugen Pesch** 8 worden fossielen en mineralen tentoongesteld en kun je een kijkje nemen in een nagebouwde mijntunnel.

In het Franse **Saulnes** werd in 1874 de eerste hoogoven in bedrijf genomen. Boven de plaats heeft een lokale pastoor eigenhandig een grote ter ere van Maria in de rotsen uitgehakt.

O
OPGEHANGEN?

In de **Salle des Pendus** (letterlijk: zaal van de gehangenen) werd niemand opgehangen, maar hingen de mijnwerkers hun kleding te drogen.

INFO EN OPENINGSTIJDEN

Minett Park Fond-de-Gras: www.minettpark.lu.
Treinen: mei-eind sept. zon- en feestdagen, juli/aug. meestal ook do.-middag, € 5,50-12, kinderen tot 5 jaar gratis (www.train1900.lu, www.minieresbunn.lu).
Espace Muséologique 7: zo. 14-18 uur, € 1,50, met treinkaartje en voor kinderen tot 12 jaar gratis.
Musée Eugen Pesch 8: zo. 14-18 uur, toegang gratis.

ETEN EN DRINKEN

Bei der Giedel 1: dag. 11-24 uur. Salades, omeletten en *tartines* vanaf ca. € 10.
Auberge de la Promenade 2: 81, pl. de Saintignon, Lasauvage, di.-za. vanaf 15, zo. vanaf 11 uur. Kleine gerechtjes zoals een croque monsieur en salades.

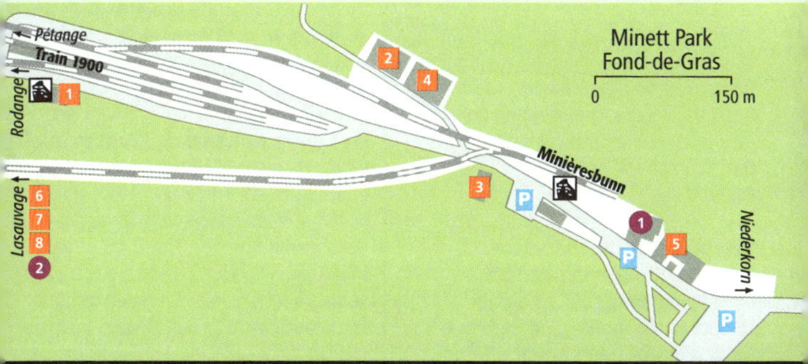

Uitneembare kaart: B 10 | Met de trein

Site de Belval, www.belvalplaza.com; de meeste winkels zijn ma.-vr. 10-20, za. 9-19 uur geopend.

Uitgaan

Groot podium

Théâtre municipal & Galeries d'Art

Voorstellingen van nationale gezelschappen en internationale ensembles. Op de eerste etage zijn bovendien kunstgaleries gevestigd.

Théâtre d'Esch, 122, rue de l'Alzette, tel. 54 73 83 405, www.esch.lu

Voor elk wat wils

Conservatorium

Regelmatig concerten van symfonie- of kamerorkesten, brass- of bigbands, blaasorkesten of koren.

50, rue d'Audun, tel. 54 97 25

Veelzijdig

Kulturfabrik

Alternatief cultureel centrum in het voormalige abattoir met jazz-, rock- en popevenementen, eigen theaterproducties en kleinkunst.

116, rue de Luxembourg, tel. 55 44 93-1, www.kulturfabrik.lu

Sport en activiteiten

Lekker ontspannen

Stadspark Gaalgebierg

In dit park kun je even tot rust komen in de Franse of Engelse tuin of op de groene gazons, maar voor wie liever iets actiefs doet zijn er wandel- en joggingpaden, jeu-de-boulesbanen, voetbal- en basketbalveldjes, tennisbanen en voor de kinderen speelterreinen. O ja, er is ook nog een dierenpark.

Rue du Stade

Stevig doortrappen

RedRock Mountainbike Trail

Al fietsend de natuur en de geschiedenis opsnuiven: de RedRock Mountainbike Trail bestaat uit drie etappes: Haard-red (27,4 km), Haard-black (27,6 km) en Ellergronn-Red (28,7 km).

www.redrock.lu

Gevels bekijken

Architectuurwandeling

Art-deco- en jugendstilelementen, gotische, barokke en neoclassicistische gevels – wie in de straten van Esch omhoog kijkt, wordt beslist niet teleurgesteld. En er is meer dan architectuur, want achter de gevels gaan verhalen schuil. Het best kun je bij het City Tourist Office de Nederlandstalige brochure *Architectuurwandeling* gaan halen (of downloaden, ▸ blz. 40).

INFORMATIE

City Tourist Office: Place de l'Hôtel de Ville, tel. 54 16 37, www.esch.lu, ma.-vr. 9-17, in de zomer ook za. 13-17 uur.

IN DE OMGEVING

Bloemen en schilderijen

Dudelange (Diddeléng) 🕮 E 11

Met bloemen verfraaide pleinen en levendige winkelstraten rond de neogotische parochiekerk in het centrum: het ooit zo treurige staalstadje Dudelange (20.500 inwoners) biedt een totaal andere aanblik dan vroeger. Tegenwoordig zou Dudelange zich ook met de titel 'stad van de fotografie' kunnen tooien. Het **Centre d'Art Nei Liicht** (25, rue Dominique Lang, http://galeries-dudelange.lu, wo.-zo. 15-19 uur) in de vroegere villa van de directeur van staalconcern Arbed is namelijk gewijd aan de kunst van de fotografie, en dat geldt ook voor het **Centre National de l'Audiovisuel** (CNA, 1b, rue du Centenaire, www.cna.public.lu, di.-zo. 10-22 uur), waar vlakbij in een gerestaureerde watertoren de permanente expositie **The Bitter Years** (mrt-1 jan. wo.-zo. 12-18 uur, € 6, met korting € 4) te zien is. Dit is een fotografische documentatie van Edward Steichen van het landelijke Amerika tijdens de mondiale crisisjaren 1935-1941. In het

Centre d'Art Dominique Lang in de vroegere wachtruimten van het station zijn schilderijen, beelden en installaties van hedendaagse kunstenaars te zien (www.galeries-dudelange.lu, wo.-zo. 15-19 uur).

De bomen in

In het klimpark **Parc Le'h Adventures** kun je laten zien wat je waard bent, maar houd er wel rekening mee dat je tot 17 m hoog gaat (Parc Le'h, 203, rue du Parc, Dudelange, www.aventure.lu).

Lekker eten

In het plaatsje **Kayl** (🗺 D 11), circa 5 km van Dudelange, ontvangt topkok **Léa Linster** lekkerbekken in haar elegante Pavillon Madeleine (30, rue du Moulin, tel. 26 56 64, www.lealinster.lu, wo.-zo. 12-21.30 uur).

Sprookjesachtig

Bettembourg (Bétebuerg) 🗺 E 10
Dit stadje (10.000 inwoners) vlak bij de Franse grens is een belangrijk verkeersknooppunt, maar biedt ook het mooie **barokkasteel Collart**. Het is echter vooral bekend vanwege het **sprookjespark Merveilleux** (▸ blz. 46).

Bourglinster (Buerglënster)

🗺 F 8

Zandsteenkleurige huisjes staan langs de met keien geplaveide straatjes in de dorpskern van Bourglinster en bieden met de mooie straatlantaarns, de dorpsbron en de oude drinkplaatsen voor vee een schilderachtig plaatje. De belangrijkste attractie is het kasteel met de ronde torens, dat tot de mooiste van het Groothertogdom behoort.

Kunst, cultuur en gastronomie

Château de Bourglinster
Dit 10e-/11e-eeuwse kasteel biedt vooral 's avonds wanneer het verlicht wordt een betoverende aanblik. Tegenwoordig is het fraaie bouwwerk het decor van concerten, voorstellingen, exposities en recepties, en er zijn ook twee toprestaurants gevestigd. De barokke woning van de vroegere beheerder aan de voet van het kasteel doet tegenwoordig dienst als jeugdherberg (www.youthhostels.lu).
8, rue du Château, tel. 78 78 78-1, www.bourglinster.lu

INFO & EVENEMENTEN

Toeristeninformatie: in het nabijgelegen Junglinster. Daar zijn ook restaurants en overnachtingsmogelijkheden (▸ blz. 48).
Ambachtsdagen: derde weekend van juni (za. 12-19, zo. 9.30-19 uur) in en rond het kasteel.
Internationaal muziekfestival: sept.-dec. Uitstekend bezet festival voor de klassieke muziek in het kasteel (sept.-dec., tel. 78 81 56, www.bourglinsterfestival.lu).

Junglinster (Jonglënster) 🗺 F 8

De laatbarokke parochiekerk van Junglinster biedt onderdak aan een van de waardevolste kunstwerken uit de in de 17e eeuw door de Fransen verwoeste kapel van het kasteel van Bourglinster: een door de Duitse beeldhouwer Johann Manternach vervaardigd altaar uit 1634. In het godshuis, een ontwerp van de Oostenrijkse bouwmeester Munggenast, liggen de stoffelijke resten van de heren van Linster, de vroegere eigenaren van het kasteel. In het koor zijn 16e-eeuwse grafstenen te vinden.

Elegant

Parmentier
Keurig hotel met comfortabele kamers,

5

Sprookjes, exoten, klimmen, ontdekken – **Parc Merveilleux**

Houten paarden staan gezadeld klaar, sprookjes worden werkelijkheid. In de dierentuin zijn allerlei exoten zien, zoals krokodillen, apen, flamingo's en tropische vissen. Maar het mooiste is dat de kinderen zichzelf de hele dag kunnen vermaken, met klimmen, spelen en ontdekken.

De ingang van het park aan de Route de Mondorf is eenvoudig te herkennen aan de bakstenen toren met een heks op een bezem. Maar zodra je de kassa bent gepasseerd, is het gedaan met 'eenvoudig', want dan dient zich de vraag aan waar je in hemelsnaam als eerste naartoe moet.

Mooi om te zien, maar misschien niet helemaal de juiste omgeving voor een poolwolf …

Grote ogen opzetten in Mahajanga

De niet zo heel vroege vogels kunnen eerst naar **Mahajanga** 1 gaan (dat pas om 11 uur opengaat). Brildragers zien bij binnenkomst even niets meer, zo warm en vochtig is het hier. Maar als de mist is opgetrokken, zien ook zij tomaatkikkers, stralenschildpadden, panterkameleons, vliegende honden (grote vleermuizen), duizendpoten en enorm grote agaatslakken. En piepkleine aapjes met grote ogen, die omdat ze zo klein zijn muismaki's heten. Alle dieren komen van Madagascar.

Achter Mahajanga liggen de **Afrikaanse vijver** 2, met ooievaars, pelikanen en kraanvogels, en een omheind terrein met zadeljakhalzen. Ertegenover kun je in een **minitreintje** 3 een tochtje maken rond de eendenvijver, waar roze flamingo's rondstappen. Vanaf hier loop je met de wijzers van de klok mee naar de andere attracties. Eerst kom je langs de **pony-express** 4 en – voorbij de bronzen grizzlybeer en de cavia's – de **miniauto's** 5, waar je opnieuw een ritje kunt maken (minitrein, pony-express en mini-auto's telkens € 1 per rit).

Prinsessen en exotische dieren

De volgende stop is bij de **sprookjes** 6, die in verschillende huisjes worden verbeeld. Het eerst is Doornroosje aan de beurt en vervolgens loop je langs de muntjaks en herten naar onder anderen Sneeuwwitje en Assepoester. Telkens hoor je een vriendelijke stem die het betreffende sprookje vertelt. Bij de rattenvanger van Hamelen lopen zelfs echte ratten rond. Tegenover Roodkapje voert een pad naar de **kinderboerderij** 7. Daarachter ligt een grote **ontdek-het-bos-speelplaats** 8, waar kinderen kunnen klimmen en het leven binnen in de grote stapels hout kunnen verkennen.

Nog steeds met de wijzers van de klok mee loop je verder naar het verre *down under*, **Australië** 9, of beter gezegd naar de dieren die daar voorkomen: dingo's, wallaby's (kleine kangoeroes), emoes en 'lachvogels' (kookaburra's). Daarna volgt **Zuid-Amerika** 10, met pampahazen, capibara's (ook wel waterzwijnen genoemd) en luid krijsende papegaaien. Nadat je ook de neusberen hebt bekeken, duikt aan de rand van het pad de **slapende reus** 11 op, die zich nergens iets van aantrekt en hier een dutje doet.

Na het bekijken van zo veel dieren wordt het voor de kinderen weer tijd om wat energie kwijt te raken. De enorme **speelplaats** 12 is daar uitermate geschikt voor.

C
CAPIBARA

Het **waterzwijn** of capibara is geen varken, maar een enorme cavia en daarmee het grootste knaagdier op aarde.

INFO EN OPENINGSTIJDEN

Parc Merveilleux: Route de Mondorf, Bettembourg, www.parc-merveilleux.lu, apr.-begin okt. dag. 9.30-18 uur, Amazonia (Zuid-Amerika) en Mahajanga 11-17 uur, toegang € 10, met korting vanaf € 6.
Bereikbaarheid vanaf station Bettembourg: een kwartiertje lopen of met bus 304 (ma.-za. 2x per uur., zo. alleen 14.45 uur), zon- en feestdagen gratis shuttlebus.

ETEN EN DRINKEN

Nieuwe energie opdoen kan in de **cafetaria** 1, bijvoorbeeld met een ijsje, patat of een hamburger, of in het **restaurant** 2, dat te herkennen is aan de grote parasols ervoor.

Uitneembare kaart: E 10

De schilderachtige ruïne van het kasteel van Beaufort.

een elegant interieur en een uitgebreid ontbijtbuffet. In het restaurant komen traditionele gerechten en specialiteiten van het seizoen op tafel.

7, rue de la Gare, tel. 78 71 68, www.parmentier.lu, 2 pk vanaf € 98

Van hole naar hole
Golf de Luxembourg

Na een rondje golfen – een afstand van ruim 6 km – heb je wel iets te eten of te drinken verdiend in de bar of het restaurant.

Domaine de Belenhaff, tel. 78 00 68-1, www.golfdeluxembourg.lu, dag. geopend

De lucht in
Skylines Balloons

Dagelijkse ballonvaarten – in de lente en zomer 's morgens of tegen de avond, in de herfst en winter de hele dag door –, maar alleen als de weersomstandigheden dat toelaten. Het vertrekpunt is meestal bij kasteel Larochette. Na de landing vindt een 'ballondoop' met champagne plaats en wordt een persoonlijke oorkonde uitgereikt.

Tel. 78 90 75, www.skylines.lu

Informatie

Administration Communale:
12, rue de Bourglinster, tel. 78 72 72-1, www.junglinster.lu, ma.-vr. 8-11.30, 13-16.30, do. tot 19 uur.

In de omgeving

Zuid-Europees
Larochette (Fiels)

Place Bleech, het dorpsplein van Larochette met het middeleeuwse gerechtelijke kruis, ademt een zuidelijke sfeer. Geen wonder, want de helft van de inwoners is van oorsprong Portugees. Op een rots boven de plaats liggen de resten van de ooit imposante ridderburcht Fiels (12e eeuw.; tel. 83 74 97, apr.-okt. dag. 10-18 uur, € 4, met korting € 1).

Beaufort (Beefort) 🕮 F 6

Dit plaatsje (circa 2000 inwoners) ligt schilderachtig ingebed in het romantische bos- en rotslandschap van Luxemburgs Klein Zwitserland. De lokale bezienswaardigheid is de ruïne van het Château de Beaufort.

Een beauty

Château de Beaufort

Van de machtige overblijfselen van het **kasteel** in een dalkom aan de voet van Beaufort is de vroegere grandeur af te lezen. Het werd rond 1200 gebouwd, vermoedelijk op de fundamenten van het Romeinse Castellum Belforti, en is door de eeuwen heen steeds verder uitgebreid. Tijdens een bezichtiging kom je ook in de middeleeuwse folterkamer met huiveringwekkende werktuigen. Op zomeravonden wordt de ruïne mooi verlicht. Ernaast ligt op een heuvel het renaissancekasteel, dat vanaf 1649 is gebouwd. De vertrekken zijn ingericht met elegant meubilair en er is ook een rozentuin. Beide kunnen tijdens een rondleiding worden bezichtigd. Na afloop krijg je een glaasje cassero geserveerd, een likeur van zwarte bessen die hier wordt geproduceerd.

24, Rue du Château, tel. 83 66 01, www.beaufortcastles.com; ruïne: apr.-begin nov. dag. 9-18, laatste entree 17.30 uur, € 5, kinderen en jeugd tot 26 jaar en studenten gratis; renaissancekasteel: rondleidingen do.-zo. (ook op feestdagen) 11 en 16 uur, € 10, met korting € 5 (inclusief likeurtje)

ETEN EN SLAPEN

Overnachten

Na het wandelen – of ervoor

B&B White Pearl

Uitgesproken gastvrije bed and breakfast met een tuin met een biologische zwemvijver en een mooi terras met barbecue. Het juiste adres om te ontspannen, al dan niet na een inspannende wandeling.

Loetsch 29, Christnach, tel. 83 66 30, www.white-pearl.lu, 2 pk € 95-120

Vroeger en nu

Auberge Rustique

Waar de paarden van de postkoets ooit een stal en hooi aantroffen en reizigers al ruim tweehonderd jaar een warm bed, kan ook jij de nacht doorbrengen. De kamers zijn modern en comfortabel ingericht en er is ook een restaurant.

55, rue du Château, tel. 83 60 86, www.aubergerustique.lu, 2 pk met ontbijt € 84

Oase met wellness

Hotel-restaurant Meyer

Rustig, modern hotel met grote, lichte kamers, een binnenbad, een wellnesscentrum, een speelplaats en een grote tuin. Fietsen en motoren kunnen gestald worden en je kunt ook een fiets lenen.

120, Grand-Rue, tel. 83 62 62, www.hotelmeyer.lu, 2 pk vanaf € 130

Gezellig in een tipi

Camping Plage

Als je niets meer dan een dak boven je hoofd nodig hebt – dus een slaapzak en misschien zelfs een kussen bij je hebt –, kun je hier goedkoop overnachten in een tipi. Een matje is ook geen slecht idee, maar je kunt ook ter plekke een veldbed lenen. Voor een kampvuur wordt gezorgd en zelfs voor een totempaal. En een stopcontact om je mobieltje op te laden is ook in de buurt.

87, Grand-Rue, tel. 83 60 99-300, € 15 p.p.

6

Achter elke bocht een kasteel – **'dal van de zeven kastelen'**

In het mooie dal van de Eisch, op een steenworp afstand van de hoofdstad, staan zeven burchten en kastelen te midden van weiden en bossen. Ook graaf Siegfried, de grondlegger van Luxemburg, zou hier ooit een residentie hebben gehad.

Van de **Grevenburg** 1 in **Koerich** is weliswaar niet meer over dan een ruïne, maar aan de overblijfselen is te zien dat het ooit een imposante vesting is geweest, waarvan de grachten bij gevaar met water konden worden gevuld. Wirich I liet de waterburcht vermoedelijk bouwen op de ruïne van het kasteel waar graaf Siegfried zou hebben gewoond.

Stenen koppen

De dorpsfontein van **Septfontaines** wordt door zeven bronnen gevoed. Het **kasteel** 2 op de rots bij het dorp is niet toegankelijk voor bezoekers, maar je kunt wel de middeleeuwse **dorpskerk** bekijken. De stenen koppen in de buitenmuren geven aan dat de kerk in die tijd asielrecht had. De sluitstenen van de gewelven binnen zijn met kleurrijke wapens versierd. Een met levensgrote figuren verbeelde graflegging van Jezus is de laatste van een reeks van zeven verweerde statiën die ooit bij een kluizenaarshut stonden, maar nu rond de kerk staan. Een wandeling door het dorp voert naar de **Gessebréck**, een schilderachtige stenen boogbrug over de Eisch uit 1760.

Het kasteel dat te klein was

Boven **Ansembourg** troont de gelijknamige 12e-eeuwse **burcht** 3. De 17e-eeuwse eigenaar Thomas Bidart II, een ijzersmelter, vond dat hij wat te krap behuisd was en liet daarom aan de voet van de burcht een groot **kasteel** 4 bouwen. Later raakte de burcht in verval, maar zelfs de ruine was nog zo indrukwekkend dat Victor Hugo

N
NAAM

De naam Septfontaines is een verfransing van de oorspronkelijke dorpsnaam Siebenborn (dat letterlijk 'zeven bronnen' betekent; een benaming die de fontein in het dorp overigens alle eer aandoet). Het gaat hier echter niet om het getal zeven, maar om een verbastering van het Duitse woord *sief*, dat staat voor een vochtig beekdal.

er een tekening van maakte. De gerestaureerde ridderburcht en het kasteel kunnen niet worden bezichtigd, maar de binnenplaats en de prachtige tuin met barokke beelden en een doolhof zijn wel toegankelijk (dag. vanaf 10 uur).

Pekneuzen en peperbussen

Van de middeleeuwse **burcht Hollenfels** 5, die ooit over het dal waakte, zijn alleen de donjon uit 1380 en een ronde toren overgebleven. Boven is een stenen weergang rondom de toren aangebracht. Door de openingen – pekneuzen – kon er kokendhete pek op aanvallers worden gegoten. Ook in **Mamer** 6, even buiten het Eischdal, staat een imposante donjon met vier ronde hoektorens – ook wel peperbussen genoemd – en markante trapgevels. Het is het enige overblijfsel van de **burcht Schoenfels** 7.

Uivormig

Kasteel Mersch 8 (12e eeuw), omringd door een brede gracht, doet tegenwoordig dienst als stadhuis. Ertegenover staat de kerktoren van de gesloopte Sint-Michaëlkerk met zijn opvallende uivormige koepel. Dat de toren er nog staat, zou te danken zijn aan Anna Paulowna, de Russische echtgenote van de Nederlandse koning en groothertog Willem II. Zij zou hebben aangedrongen op het behoud ervan, omdat de koepel herinneringen opriep aan de kerken in haar geboorteland.

De paden op, de lanen in ...

ETEN EN DRINKEN

Pizzeria Il Trio 1: 3, rue du Château, Hollenfels, wo.-ma. 12-14, 18-23 uur, dagmenu € 9,50. Italiaans restaurantje, vlak bij het kasteel.

Uitneembare kaart: C 8–D 7

Eten en drinken

Biologisch
Auberge Rustique
Met het fruit, de groente en de kruiden uit de eigen biologische groentetuin worden smakelijke regionale gerechten bereid. Probeer eens de Luxemburgse specialiteit *Feierstengszalot* (een vleessalade, € 14) of de *plat végétarien* (€ 17). Je kunt hier ook overnachten.
55, rue du Château, tel. 83 60 86, www.aubergerustique.lu, dag. 12-20.30 uur, lunch: pannenkoek vanaf € 6, quiche € 12, hoofdgerecht vanaf € 17

Uitgaan

Dansen
The Flying Dutchman
Nu eens wordt er op vrijdag een *flyday* georganiseerd, dan weer staat er een *reggae* of *boogie night* of ouderwetse hiphop op het programma. Hier is altijd wel iets te doen.
3, rue Kummel, tel. 83 67 86, vr./za. 22-3 uur

Sport en activiteiten

Wandelen
Zestig kilometer aan wandelpaden voeren naar de schilderachtige dalen van de Haupeschbach, de Hallerbach en de Sûre. Je kunt onder andere de circa 12 km lange Beauforter Felsenrunde lopen, door de fascinerende rotswereld van Luxemburgs Klein Zwitserland (www.outdooractive.com). Voor informatie over de wandelpaden ga je naar het Syndicat d'Initiative Beaufort.

INFORMATIE

Syndicat d'Initiative: 87, Grand-rue (op de camping Plage), tel. 836 09 93 00, www.beaufort-tourisme.lu, ma.-vr. 8-12, 13-17 uur, juli/aug. dag.

Echternach (Iechternach) F 8

Bestraat met keien, omlijst door het gotische stadhuis, statige heren- en adellijke huizen, uitnodigende cafés met terras en winkeltjes, en in het midden het middeleeuwse gerechtelijke kruis en de fontein: Place du Marché, het marktplein, is het schilderachtige hart van Echternach aan de Sûre (5500 inwoners).

BEZIENSWAARDIGHEDEN

Dënzelt en Urtsel
In de 15e-eeuwse Dënzelt op **Place du Marché** zetelde vroeger de rechtbank van de schepenen en was ooit zelfs een gevangenis en een folterkamer ondergebracht. Het gebouw, dat tegenwoordig onderdak biedt aan het stadhuis, is verfraaid met twee torentjes en zes grote beelden (Temperantia, Prudentia, Justitia, Fortitudo, Salomo en Maria met Kind). In de laatgotische galerij op de begane grond vonden de 'jaargedingen' (openbare beraadslagingen over het vonnis) plaats, waarbij alle burgers van de stad aanwezig moesten zijn. Het vonnis werd vervolgens geveld bij het **Urtsel**, het middeleeuwse gerechtelijke kruis – waarvan een kopie midden op het plein staat – en meteen voltrokken.

Bedevaartsoord
Achter het marktplein verrijst de markante **Sint-Willibrordusbasiliek** 1 bij de voormalige **benedictijnenabdij** 2. In de basiliek worden de stoffelijke resten van de heilige bewaard. De basiliek is de bestemming van de bekende Echternacher Springprocessie (die sinds 2010 op de Werelderfgoedlijst van de UNESCO staat), waaraan jaarlijks meer dan tienduizend bedevaartgangers meedoen (▸ blz. 55).

Terras op Place du Marché in Echternach, met op de achtergrond de Dënzelt.

De heuvel beklimmen

De 10e-eeuwse **Église Saint-Pierre et Paul** 3 heeft niet alleen dienstgedaan als godshuis. Wanneer in tijden van oorlog de stormklok de komst van de vijand aankondigde, zocht de bevolking een veilig heenkomen in deze kerk, die met verdedigingswerken was omringd. Er was hier zelfs water voorhanden, afkomstig uit een put die al in de Romeinse tijd was gegraven. In de zorgvuldig gerestaureerde kerk staat de houten grafkist waarin ooit het stoffelijk overschot van de heilige Willibrordus heeft gelegen.

Via Epternacensis

De naam klinkt Romeins, maar het gaat hier om een circa 2 km lange cultuurroute, waarover je bij het toeristenbureau van Echternach een uitgebreide flyer kunt halen. De route voert onder andere naar de kloostertuin, de orangerie, de middeleeuwse stadsmuur met de vijf torens en de Romeinse villa.

MUSEA

Mooi wonen

Romeinse villa 4

Vloermozaïeken, marmeren wandbekleding, fonteinen, baden, zuilengalerijen en vloerverwarming: de overblijfselen van een Romeins landhuis uit de 1e eeuw maken duidelijk dat de oude Romeinen een voorkeur hadden voor mooi en comfortabel wonen. In het museumpaviljoen word je een multimediaal kijkje gegund in het alledaagse leven, de muziek en de taal van de Romeinen.

Rue des Romains, Palais Romains, tel. 26 72 09 74, www.mnha.lu/en/Roman-Villa-Echternach, begin apr.-1 okt. di.-zo. 10-12, 13-17 uur, enkele feestdagen gesl., toegang gratis

Bij de Loeschbuermann

Musée de Préhistoire 5

Hier kom je meer te weten over de prehistorie aan de hand van voorwerpen zoals oude werktuigen uit verschillende

7

Met de apostel begon het allemaal – **Echternach, de stad van Willibrordus**

In de door Willibrordus gestichte abdij werd met goudinkt geschreven. Zijn gebeente, dat tijdens de Franse Revolutie op de vloer van de kerk werd gegooid, rust nu in een prachtige marmeren schrijn, die elk jaar duizenden gelovigen trekt tijdens de Echternacher Springprocessie.

De heilige Willibrordus was een schoolvoorbeeld van een hardwerkende missionaris. Toen de monnik, die oorspronkelijk uit Engeland kwam, in het jaar 690 voor het eerst voet aan wal zette op het Europese vasteland, trof hij een wereld van heidense gebruiken en geknechte mensen aan. De stammen van de Friezen en de Saksen hadden zich tot dan toe tegen de kerstening verzet. Echternach werd min of meer de hoofdzetel van Willibrordus, die in 695 tot aartsbisschop van

Het historische centrum van Echternach met de Dënzelt en de Sint-Willibrordusbasiliek.

Utrecht werd gewijd. Van hieruit ondernam hij zijn missiereizen. Toen hij in 739 stierf, was zijn werk onder de heidense Friezen voltooid. Halverwege de 8e eeuw vond de plechtige verheffing van zijn gebeente plaats *(elevatio corporis)*.

Die **Sint-Willibrordusbasiliek** 1, die met zijn vier imposante torens hét symbool van de stad is, staat op de plek waar Willibrordus ooit een kerk heeft laten bouwen. Al snel na zijn dood waren de pelgrims in zo groten getale naar zijn graf gekomen dat er in het jaar 800 een tweede, grotere kerk noodzakelijk was. Deze werd in 1016 door brand verwoest en vijftien jaar later vervangen door een kerk die ongeveer de afmetingen van de huidige had.

De Sint-Willibrordusbasiliek is de vijfde kerk op deze plek. In 1794 werd het godshuis tijdens de Franse Revolutie geplunderd. Vervolgens deed de kerk dienst als aardewerkfabriek en excercitieplaats, waarna hij in verval raakte. In 1862 stichtten burgers van Echternach bouwvereniging Willibrordus, die geld inzamelde voor de restauratie van de kerk. Zes jaar later was het werk voltooid.

In de basiliek is de heilige alomtegenwoordig: op de gebrandschilderde ramen in de zijbeuken wordt zijn leven verbeeld en in het koor staat een ruim drie eeuwen oud houten beeld van hem. De **crypte** stamt nog uit de tijd van de Karolingische kerk en pronkt met resten van 11e-eeuwse fresco's in de gewelven. Dit is ook de **laatste rustplaats** van Willibrordus: een sobere Merovingische stenen kist met het stoffelijk overschot, die in een prachtige neogotische schrijn van Carraramarmer staat.

In 1794, 1055 jaar na het overlijden van Willibrordus, plunderden Franse revolutionairen de basiliek, braken de kist van de heilige open en smeten zijn botten op de grond. Ze werden gevonden door kapelaan Willibrord Meyers uit Berdorf, die op de sterfdag van zijn geboorteheilige altijd naar Echternach ging. Hij bracht ze in veiligheid.

Vlak bij het graf ligt de **Willibrordusbron**, die herinnert aan de dooplustigheid van de heilige. In de Willibrorduskapel in de basiliek bevindt zich een triptiek uit 1605 waarop een bedevaart naar de heilige Willibrordus te zien is – dit is de eerste afbeelding van de Springprocessie.

Echternacher Springprocessie

Op de dinsdag na Pinksteren komen pelgrims, onder wie kardinalen, bisschoppen en prelaten, bijeen op de binnenplaats van de voormalige abdij voor de Echternachter Springprocessie. Wanneer deze zich in gang zet, zijn ze met meer dan tienduizend, aangevoerd door duizend zangers die de litanie van de heilige Willibrordus ten gehore brengen. Ze worden gevolgd door de 'springers', die zich huppelend op de klanken van een middeleeuwse polka voortbewegen. Langzaam trekt de processie door de stad naar de basiliek en langs de laatste rustplaats van Willibrordus. Onder het doordringende geluid van de muziekgroepen verzamelen de pelgrims zich vervolgens in de hal voor een laatste gebed.

De oorsprong van dit merkwaardige spektakel is onbekend. Volgens sommigen is het een vitusdans, volgens anderen een gelofte als dank voor de genezing van epilepsie, en volgens weer anderen heeft Willibrordus het springen als straf opgelegd.

Achter in de linkerzijbeuk bevindt zich het **documentatiecentrum** over de Springprocessie, die in 2010 door de UNESCO op de Werelderfgoedlijst is geplaatst.

Meedoen aan de Springprocessie? Dat kan alleen als je dat uit religieuze overtuiging doet. Ga voor aanvang van de processie naar de binnenplaats van de abdij, waar je bij de individuele pelgrims wordt ingedeeld.

Met goudinkt geschreven

De voormalige **benedictijnenabdij** 2 naast de basiliek is in 698 door Willibrord gesticht en weerspiegelt de vroegere welvaart van het klooster. De schrijfschool van de abdij leverde vaak op bestelling kostbare manuscripten aan het keizerlijk hof. In het **abdijmuseum** 6 krijg je een goede indruk van de schrijf- en drukkunst van de monniken, met werken als de Codex Aureus, een met goudinkt geschreven evangelieboek uit de 11e eeuw. Het Willibrordus-evangelieboek, dat de heilige meebracht uit Ierland, ligt sinds de Franse Revolutie in de Nationale Bibliotheek van Parijs.

INFO EN OPENINGSTIJDEN

Documentatiecentrum: dag. 10-12, 14-17 uur, nov.-mrt. za./zo. 14-17 uur, toegang gratis. Het centrum blijft gesloten tijdens missen op zon- en feestdagen en die ter gelegenheid van een begrafenis of een bedevaart.
Abdijmuseum 6: www.willibrord.lu, apr.-juni, sept./okt. dag. 10-12, 14-17, juli/aug. 10-17 uur, € 3, met korting € 1,50.

ETEN EN DRINKEN

Pizzeria du Passage 4 (2, rue du Haut-Ruisseau, tel. 26 72 14 19) ligt ietwat verscholen in een zijstraatje, maar de pizza's en pasta's zijn beslist goed.

Uitneembare kaart: G 6 | **Plattegrond:** ▸ blz. 57

culturen. Ook de oudste Luxemburger, de achtduizend jaar oude Loeschbuermann, is hier te vinden, althans zijn nagemaakte botten. Een ander hoogtepunt is het Echternacher porselein dat na de Franse Revolutie in de abdij en de basiliek werd vervaardigd.

4a, rue du Pont, tel. 72 02 96, apr-15. nov. di.-zo. 10-12, 14-17, juli/ aug. dag. 10-17 uur, € 2, met korting € 1

ETEN EN SLAPEN

Overnachten

Mooie locatie

Hostellerie de la Basilique 1

Dit hotelletje met veertien modern klassiek ingerichte kamers ligt aan het historische marktplein en biedt een brasserie/restaurant met een mooi terras.

7, place du Marché, tel. 72 94 83, www.hotel-basilique.lu, 2 pk vanaf € 128

ALS IN DE MIDDELEEUWEN

Althans bijna, want in de **vakantiewoningen** 2 in de vier gerestaureerde wachttorens op de historische stadsmuur van Echternach hoeft niemand 's nachts met een lantaarntje de latrine te zoeken. De woningen zijn modern tot luxueus ingericht en zijn geschikt voor vier tot zes personen (vanaf € 750 per week, informatie en reservering via het toeristenbureau van Echternach, www.visitechternach.lu).

ECHTERNACH (IECHTERNACH)

Bezienswaardig

1 Willibrordusbasiliek
2 Benedictijnenabdij
3 Église Saint-Pierre et Paul
4 Romeinse villa
5 Musée de Préhistoire
6 Abdijmuseum

Overnachten

1 Hostellerie de la Basilique
2 Vakantiewoningen
3 Jeugdherberg

Eten en drinken

1 Le Pavillon
2 Aal Eechternoach
3 Hostellerie de la Basilique
4 Pizzeria du Passage

Sport en activiteiten

1 Recreatiecentrum Echternacher See

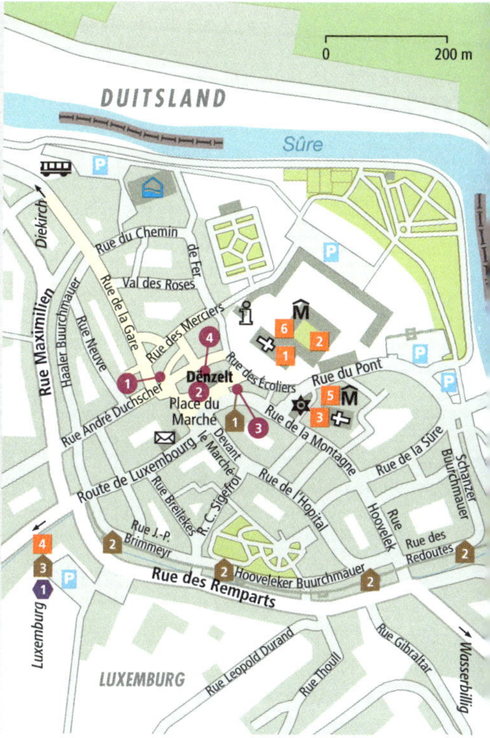

Voor wie jong is of zich jong voelt

Jeugdherberg 3

Deze jeugdherberg overtuigt met de mooie locatie aan het meer, de kamers met twee tot zes bedden (elke met eigen sanitair), de cafetaria met de smakelijke en betaalbare gerechten, en de vele mogelijkheden om te sporten, onder andere op de indoorklimmuur.

Chemin vers Rodenhof, tel. 262 76 64 00, http://youthhostels.lu, kamer met twee bedden vanaf ca. € 27

Eten en drinken

Lëtzebuergesch

Le Pavillon 1

Aangenaam restaurant. In de zomer kun je plaatsnemen op het terras aan het marktplein.

2, rue de la Gare, tel. 72 98 09, www.lepavillon.lu, dag. 11-14, 18.30-22, terras vanaf 11 uur, *spécialités luxembourgeoises* vanaf ca. € 18

Nog eens Lëtzebuergesch

Aal Eechternoach 2

Gezellige brasserie-café, waar ook veel Echternachers komen – geen wonder dus dat ook de kaart in het Lëtzebuergesch is. 's Avonds staan er onder andere *owensofferten* (avondaanbiedingen) op, zoals *kniddelen iwerbaack mat Kèis* (€ 10,90), die *mat gebrodene Gromperen an Äppelkompott* worden geserveerd. Helemaal sfeervol wordt het als iemand achter de piano gaat zitten.

38, place du Marché, tel. 26 72 08 80, www.aaleechternoach.lu, dag. 10-1 uur

Smikkelen met uitzicht

Hostellerie de la Basilique 3

Op het terras kun je met een ijsje van het lekkere weer genieten, of met een knapperige salade of een Luxemburgse specialiteit ... maar in elk geval met een mooi uitzicht op het historische marktplein met de Dënzelt.

7, place du Marché, tel. 72 94 83, www.hotel-basilique.lu, wo. gesl., Luxemburgse specialiteiten vanaf € 18, vegetarische gerechten circa € 15

Sport en activiteiten

Klimmen, boulderen en meer

Recreatiecentrum Echternacher See 1

Je handen met magnesium inwrijven en dan de 14 m hoge indoorklimmuur op. Of boulderen op een draaiende 'klimschijf'. En wat te denken van vissen, zeilen, midgetgolf, windsurfen, varen en waterfietsen?

Chemin vers Rodenhof, jeugdherberg, http://youthhostels.lu

INFORMATIE & EVENEMENTEN

Office du Tourisme: 9, Parvis de la Basilique, (tegenover de basiliek), tel. 72 02 30, www.echternach-tourist.lu, ma.-za. 10-18, zo. 10-12 uur.
Festival International Echternach: uitstekend bezet festival voor klassieke muziek en jazz waarvoor de basiliek, de Église Saint-Pierre et Paul en het Trifolion een prima akoestiek bieden (hele jaar door, www.echternachtfestival.lu).
Echternacher Springprocessie: di. na Pinksteren, ▸ blz. 55.

IN DE OMGEVING

Betoverend

Müllerthal (Mëllerdall) F/G 6

Deze regio (▸ blz. 60) wordt in de volksmond ook wel Luxemburgs Klein Zwitserland genoemd vanwege de zandstenen rotsen die aan een berglandschap doen denken. Zo zeldzaam als hun vormen zijn, zo zeldzaam zijn ook hun namen, zoals Piteschkummer, Geierslee (Geyerslay) en Huellee (Hohllay). Het is niet verwonderlijk dat deze regio inmiddels is uitgeroepen tot **natuurpark Mëllerdall**. De fraaie natuur met bossen, beken, kloven en heuvels is een paradijs voor natuurliefhebbers, wandelaars en mountainbikers, die gebruik kunnen maken van talloze paden (www.mullerthal.lu, www.naturpark-mellerdall.lu).

Niet minder betoverend

Schiessentümpel 🕮 F 7

Deze schilderachtige waterval in de Ernz Noire ligt aan de weg die door het even schilderachtige Ernzdal van de plaats Müllerthal naar Junglinster loopt (N121).

Uitvinder

Rosport 🕮 H 6

Rosport is een begrip onder alle Luxemburgers, want uit bronnen rond de plaats komt het bekende mineraalwater van Rosport. Henri Owen Tudor is daarentegen minder bekend, terwijl hij aan het eind van de 19e eeuw toch belangrijke uitvindingen heeft gedaan: de lood-zuuraccu en de zogeheten *energy car*, een auto met een benzinemotor die via een elastische koppeling met een elektromotor was verbonden – kortom, een hybrideauto. In het **Musée Tudor** (9, rue Henri Tudor, http://musee-tudor.lu, € 4) draait dan ook alles om elektriciteit. Interactief is hier geen holle frase, want iedereen mag aan hendels trekken, schakelaars omzetten en van alles en nog wat uitproberen.

Het **retabel** van Rosport, een stenen reliëf uit de 12e eeuw dat volgens sommige kunsthistorici de achterwand van het altaar vormde van de Merovingische kloosterkerk waar de heilige Willibrordus werd bijgezet, bevindt zich tegenwoordig in het Musée National d'Histoire et d'Art in ¶.

De Schiessentümpel stort zich in drie stromen omlaag.

8

Naar de Perekop en de Hohllay – **Luxemburgs Klein Zwitserland**

Ten westen van Echternach heeft het water van de Ernz Noire en de zijstroompjes diepe kloven in het zandsteen uitgesleten, met aan weerszijden imposante rotsformaties. Smalle wandelpaden langs bizar gevormde brokken gesteente, spleten en grotten nodigen uit om het landschap te verkennen.

Je zou je zomaar kunnen verliezen in dit wandel- en klimparadijs …

Deze pittige wandeling met veel stijgen en dalen begint bij het busstation van **Echternach**. Via wandelpad E1 loop je de heuvel **Trooskneppchen** 1 op en vervolgens beland je in de **Wolvenkloof** 2, waar ooit wolven hebben rondgezworven.

Langs de Aesbach loop je tussen de rotsen van het **labyrint** 3 door naar de **Perekop** 4, een enorme rotsformatie. Daal daarna weer af naar de Aesbach en volg wandelpad E1 naar de **Hohllay** 5, waarvan de grotten ooit dienstdeden als steengroeve voor molenstenen; de cirkelvormige uitsparingen zijn nog altijd te zien. De methode was geraffineerd: er werd een cirkelvormige sleuf uitgebeiteld, waarin hout werd gelegd dat met water aan het zwellen werd gebracht. Door de druk werd de molensteen uit de rotswand geperst.

Na de Hohllay gaat het omhoog naar het amfitheater, een grot in de rotsen waar in de zomermaanden zo nu en dan toneelvoorstellingen plaatsvinden. Een stukje verder splitst het pad zich: het linkerpad (groene driehoek tegen een witte achtergrond) loopt naar **Berdorf** 6, het rechter (E1) voert terug richting Echternach.

C
CURIEUS

Op het blok zandsteen onder het altaar van de kerk van Berdorf staan vier heidense goden afgebeeld (Hercules, Apollo, Minerva en Juno), een curiositeit in de westerse christelijke cultuur.

Terug naar Echternach …

Volg wandelpad E1 naar het oosten. Het kruist een geasfalteerde weg, loopt verder naar het noorden, steekt de Halsbach over en maakt in de buurt van de Perekop een haarspeldbocht naar het zuiden. Vanaf de **Geyerslay** 14, een hoge rots met een uitkijkplatform, heb je een mooi uitzicht. Een stukje verder kun je via wandelpad E1 teruglopen naar Echternach. Of je volgt de Aesbach (E4) tot aan de Sûre en wandelt vervolgens langs de rivier terug naar Echternach.

Wie naar Berdorf wil – waar uitstekende mogelijkheden zijn om wat te eten of te drinken – volgt de bordjes met de groene driehoek.

... of toch een groot rondje?

Vanuit Berdorf voert de route (groene driehoek) de kloof van het Roitsbachdal in. Wie genoeg puf heeft, kan de nauwe doorgangen en het **rovershol** 7 gaan verkennen, naar de **Adlerhorst** 8 klimmen of op het Roitsbachplateau of het **Teufelsinsel** 9 van het mooie uitzicht genieten. Via de Totenkammer kom je weer terug op het wandelpad, dat al snel een oude Romeinse weg kruist. Even verder kom je bij de Wanterbach, een klimparadijs dat zich uitstrekt tot aan de Siebenschlüff, en uiteindelijk bij het uitkijkpunt **Kasselt** 10. Volg vanaf hier wandelpad B8, dat langs bizarre rotsformaties als de **Kalekapp** 11 en de **Rammelay** 12 loopt.

Vanaf de **Birkelt** 13, een hoge rots, heb je een mooi uitzicht op het Duitse **kasteel Weilerbach**, de vroegere zomerresidentie van de abdij van Echternach. Langs de **Geyerslay** 14 loop je weer terug naar Echternach.

INFO EN OPENINGSTIJDEN

www.müllerthal-trail.lu

Lengte: Echternach-Berdorf: E1, 8 km. Berdorf-Echternach: B8/E1 18,5 km. Je kunt de wandeling afbreken en de bus naar Echternach nemen (vanuit Berdorf lijn 111, vanuit Grundhof lijn 500). De bussen stoppen ook in Bollendorf-Pont en in Weilerbach. Dienstregelingen: http://travelplanner.mobiliteit.lu.

ETEN EN DRINKEN

Het rustieke restaurant in **Hôtel Kinnen** 1 is ideaal voor een pauze (2, route d'Echternach, Berdorf, www.hotelkinnen.lu, Pasen-half nov. dag.).

Uitneembare kaart: F/G 6 | Wandeling vanuit Echternach 6 km resp. 8,5 km

De Ösling

Uitgestrekte bossen en diepe rivierdalen drukken een stempel op het landschap, waarin middeleeuwse plaatsen als Clervaux, Wiltz, Esch-sur-Sûre en Vianden met kastelen en burchten pronken. En dan zijn er ook nog de natuurparken aan de rivieren Sûre en Our! In het voorjaar bloeien wilde narcissen, in de zomermaanden wandel je door schaduwrijke bossen en in de herfst tussen prachtig gekleurde eiken en beuken. In de winter laat de Ösling zich van zijn noordse kant zien, want dan kun je langlaufen op de besneeuwde paden.

Ettelbruck (Ettelbréck) D 6

Het aan de Sûre gelegen Ettelbruck (van het Indo-Europese woord atilbriga, dat 'vruchtbare aarde' betekent) werd tijdens het Ardennenoffensief vrijwel volledig verwoest. Tegenwoordig is het vriendelijke stadje (8800 inwoners) op de grens van de Ösling en het Gutland het veelbezochte centrum van het noorden van Luxemburg. Niet voor niets wordt Ettelbruck de 'toegangspoort tot de Ardennen' genoemd, want vanaf hier leiden wegen naar de mooiste streken van het land.

Voor altijd dankbaar

De Ettelbruckers zullen de bevrijder van Luxemburg, de Amerikaanse generaal George Smith Patton jr., nooit vergeten. Hij wordt hier geëerd met een bronzen beeld en een museum. Dit **General Patton Memorial Museum** herinnert met tal van militaire objecten, documenten en foto's aan de verschrikkingen van de Tweede Wereldoorlog. De generaal overleefde alle slagen bij de bevrijding van Europa, maar kwam tragisch genoeg in 1945 bij een auto-ongeluk bij Heidelberg om het leven. Op eigen verzoek werd hij te midden van zijn gevallen soldaten op het Amerikaanse kerkhof in Luxemburg-Hamm begraven.

5, rue du Docteur Klein, tel. 81 03 22, www.patton.lu, dag. 10-17, € 5, met korting € 3

Ook voor motorrijders

Hotel Dahm

De kamers zijn uitgevoerd in de warme tinten van verse croissants en voorzien van alle comfort. Een bijzonderheid is de overdekte parkeerplaats voor motoren, die hier ook gewassen kunnen worden. Brasserie, restaurant (menu vanaf € 37) en een mooi terras.

57, Porte des Ardennes, Erpeldange, tel. 81 62 55-1, www.hotel-dahm.lu, 2 pk vanaf € 112, bij drie overnachtingen vanaf € 102

Lekkernijen van de steengrill

Le Restone

Hotelrestaurant met een modern klassiek interieur. De keuze bestaat uit vleesgerechten van de steengrill en andere specialiteiten. In de zomer kun je ook buiten zitten.

3, place de la Résistance, tel. 81 74 28, dag. 11.30-13.45, 18.30-21.45 uur, dagmenu € 15-18, steak vanaf € 17

INFORMATIE

Syndicat d'Initiative: 5, rue Abbé Muller, tel. 81 20 68, www.ettelbruck.lu, ma.-vr. 10-17, za. (hoogseizoen) 14-17 uur.

Diekirch (Dikrech) E 6

Dit stadje (6500 inwoners) aan de Sûre en aan de rand van het Duits-Luxemburgse natuurpark is een toeristische trekpleister. In het voetgangersgebied in het centrum nodigen aantrekkelijke winkels uit tot een snuffeltocht, die onderbroken kan worden in een van de vele cafés of restaurants voor een koude Diekirch, het lokale bier.

Grijze vrienden

Stad van de ezels

In het voetgangersgebied dansen vier vrolijke ezels op de Ezelsfontein, die bij sommige gelegenheden bier spuit. In het stadspark vind je ook twee van deze grijze dieren, helemaal met stenen gevuld, en op Place de la Liberation staat een fontein met een ezel die dukaten poept. Aan Place Joseph Bech heeft Sint-Nicolaas gezelschap van een ezel en een stukje verder in de Vieille Église St-Laurent heeft er zich eentje tussen de orgelpijpen verstopt en speelt een andere weerhaan op de spits van de kerktoren. Al deze beeltenissen vormen een eerbetoon aan de ezel, die hier vroeger in de wijngaarden zwaar werk moest verrichten. Maar sommige grapjassen hebben er een andere verklaring voor ...

Wonderlijke doodskisten

Vieille Église St-Laurent

Deze kerk werd op de overblijfselen van een Romeinse-vroegchristelijke gewijde plaats gebouwd, waarvan de muren nog altijd de crypte omgeven. In de 5e eeuw verrees hier de preromaanse 'Diet Kirch' (volkskerk), waaraan de plaats zijn naam te danken heeft. De resten van die kerk dienden op hun beurt als fundament van een romaanse kerk, de voorloper van het huidige gotische godshuis. Bij de restauratie van de Vieille Église stuitte men op een ondergrondse begraafplaats met twintig Romeinse sarcofagen en zeventien graven, waarvan sommige geheel ommuurd zijn. Eén sarcofaag heeft een glazen deksel, twee andere bestaan uit delen van een Romeinse waterleiding die aan de voor- en achterkant met proppen zijn dichtgemaakt. In de kerk zijn mooie gotische muurschilderingen uit de 16e en 17e eeuw te zien.

Place Bech, di.-zo. 10-18 uur, toegang gratis

Oldtimers en gerstenat

Conservatoire Nationale de Véhicules Historiques

Glimmend gepoetste oldtimers in de voormalige koetsenfabriek en garage van Jean Wagner, die Carl Benz in 1900 op de Wereldtentoonstelling in Parijs had leren kennen en vanaf 1908 het eerste buitenlandse filiaal voor Benz-auto's runde. Op de bovenverdieping vind je een museumpje dat gewijd is aan de geschiedenis van brouwerij Diekirch.

20, rue de Stavelot, tel. 26 80 04 68, www.cnvh.lu, di.-zo. 10-18 uur, € 5

Romeins mozaïek

Musée d'Histoire(s) Diekirch

In dit museum krijg je een interessant inkijkje in de geschiedenis van Diekirch. Het pronkstuk van de verzameling is het Romeinse vloermozaïek dat in 1951 bij opgravingswerkzaamheden in een voormalige Romeinse villa in Diekirch werd gevonden

13, rue du Curé, tel. 80 87 90-1, www.mhsd.lu, di.-zo. 10-18 uur, € 5

Niet vergeten

Musée National d'Histoire Militaire

Rundstedt-offensief, Ardennen-offensief, Battle of the Bulge – stuk voor stuk benamingen voor de bloedige slag die werd geleverd toen de Duitsers na de bevrijding van Luxemburg door de Amerikanen opnieuw doordrongen in de Ardennen en met zware verliezen aan beide zijden werden teruggeslagen. In het Musée National d'Histoire Militaire worden de gebeurtenissen aanschouwelijk gemaakt met indrukwekkende diorama's.

10, rue Bamertal, tel. 80 89 08, www.mnhm.lu, dag. 10-18 uur, € 5, met korting € 3

Monumentaal

Ten zuiden van Diekirch rijst het 7 m hoge **Deiwelselter** (Duivelsaltaar) op. De naam is misleidend, want het merkwaardige bouwsel doet meer denken aan een poort. Het is in 1892 gebouwd van rotsblokken van een megalitisch grafmonument.

Een mooi verblijf

Hotel Beau Sejour

Aangenaam driesterrenhotel met comfortabel ingerichte kamers met goede bedden, eigen badkamer en toilet, een minibar en gratis wifi. Er is ook een fitnesscentrum. In de brasserie en het restaurant worden typisch Luxemburgse gerechten geserveerd, vooral die uit de plaats zelf.

12, Esplanade, tel. 26 80 47 15, www.hotel-beausejour.lu, 2 pk vanaf € 100

Klassiek en comfortabel

Hotel du Parc

Dit hotel ligt vlak bij de Sûre, op 100 m van het centrum, en biedt veertig comfortabele kamers, een parkeerterrein, kanoverhuur en een restaurant met Frans-Luxemburgse keuken.

28, av. de la Gare, tel. 80 34 72-1, www.hotel-du-parc.lu, half jan-half dec., 2 pk vanaf € 103

Zij kookt, hij serveert
Jardin du Portugal
In dit kleine restaurantje kun je genieten van Portugese specialiteiten en wijnen.
33, av. de la Gare, tel. 26 80 37 05, wo.-ma. 10-14, 18.30-22 uur (in het weekend is reserveren aan te bevelen), dagmenu ca. € 12

Met peddel of op de pedalen
Outdoor Centre
Met de kano of op een raft (bij hoogwater worden ook raftingtochten georganiseerd) de Sûre af of op een mountainbike de natuur in.
10, rue de la Sûre, Dillingen, tel. 86 91 39, www.outdoorfreizeit.lu

INFORMATIE

Syndicat d'Initiative: 3, place de la Libération, tel. 80 30 23, http://tourisme.diekirch.lu, laagseizoen ma. 14-17, di.-za. 10-12.30, 13-17, juli/aug. ma.-vr. 10-12.30, 13-18, za. 10-17, zo. 10-14 uur.

IN DE OMGEVING

Groen geluk
NaturErlebnisPark Diekirch E 6
Enkele attracties van dit beschermde natuurgebied zijn een vogelgeluidenorgel, een boomplatform, Schotse hooglanders en de voor Diekirch zo kenmerkende ezels. Verder vind je hier boomgaarden met meer dan honderd fruitbomen (proeven is mogelijk). Langs het educatieve pad staan twaalf interactieve opstellingen met thema's die de natuur betreffen.
Tussen de Sûre en het Deiwelselter (Duivelsaltaar)

Vianden (Veianen) E 5

Victor Hugo en Edmond de la Fontaine waren al gefascineerd door 'Vianden, de parel van de Ardennen'. Het schilderachtige stadje met de mooie zandkleurige huizen,

Straatje in de oude stad van Vianden.

smalle straatjes, overblijfselen van de oude ringmuur met torens en het trotse middeleeuwse kasteel ligt prachtig in het dichtbeboste dal van de Our.

BEZIENSWAARDIGHEDEN

Binnen kijken bij een schrijver

Victor Hugo *(De klokkenluider van de Notre Dame, Les misérables)* heeft in 1871 een tijdje als asielzoeker – hij was Frankrijk en België ontvlucht – in een huis bij de **brug over de Our** gewoond. Hier schreef hij gedichten en maakte tal van tekeningen van Luxemburgse kastelen en landschappen, die tegenwoordig naast zijn dagboek en brieven van zijn hand te zien zijn in het tot het **Musée littéraire Victor Hugo** omgebouwde huis (37, rue de la Gare, tel. 26 87 40 88, www.victor-hugo.lu, di.-zo. 11-17 uur, toegang € 5, met korting € 4,50). Toen een brand vele huizen in Vianden dreigde te vernietigen, nam de destijds 69-jarige schrijver – de burgemeester was de stad uit – het initiatief voor een menselijke keten naar de rivier en sleepte zelf vele emmers bluswater naar de brandhaard, wat zijn populariteit onder de bewoners enorm deed stijgen. Geen wonder dus dat het op en rond de Our-brug een en al 'Victor Hugo' is dat de klok slaat. Op de brugleuning staat een buste (kopie) van hem, vervaardigd door Auguste Rodin, aan de ene kant van de straat staat het museum, aan de andere het naar hem genoemde hotel en ook de straat zelf draagt zijn naam.

Omhoog naar het kasteel

Aan de andere kant van de Our-brug loopt de Grand-Rue in een ruime bocht omhoog naar het kasteel, langs het renaissancistische **Stadhous** en de vroeggotische kerk van het vroegere klooster van de trinitariërs. Even verder staat het **gerechtelijke kruis**, waar vroeger onder de blote hemel recht werd gesproken. Vervolgens kun je via een zijstraatje aan je linkerhand een blik werpen op de **Huesebuer-toren**, een ronde toren van de middeleeuwse citadel; voor wie daar in die tijd in de kerkers werd opgesloten, zag het er bepaald niet goed uit. Vanaf hier is het nog een klein stukje omhoog naar het kasteel (▸ blz. 68).

Genieten van de stilte

De tweebeukige voormalige **kloosterkerk van de trinitariërs** is vanaf 1248 in vroeggotische stijl gebouwd. Hoogtepunten zijn het rococohoofdaltaar, het sacramentsaltaar met de stenen renaissance-retabel, het stijlvol bewerkte koorgestoelte en de kansel, die eigenlijk bedoeld was voor de kathedraal in de hoofdstad. Mooi is ook de kruisgang van het vroegere klooster, met grafmonumenten van de graven van Vianden. Het kost niet al teveel moeite om je voor te stellen hoe hier vroeger de monniken rondliepen.

Grand-Rue, dag. 9-18 uur

Waar ooit Dicks heeft gewoond

Musée d'Histoire de la Ville de Vianden

Bij binnenkomst ruik je meteen de geur van versgebakken brood, want een deel van het museum is aan het bakkersambacht gewijd. Maar bovenal wordt hier de duizendjarige geschiedenis van Vianden uit de doeken gedaan, waarbij ook aandacht wordt besteed aan de nationale dichter en toneelschrijver Edmond de la Fontaine (1823-1891, pseudoniem Dicks), die in dit huis heeft gewoond. Hij schreef de eerste komedies in het Lëtzebuergesch.

96-98, Grand-Rue, Pasen-okt. dag. 11-17 uur, laagseizoen ma. gesl., € 3, met korting € 1,50

'Stad van de torens'

Het kasteel en het stadje werden ooit beschermd door 27 torens: de witte en de zwarte ronde toren van het kasteel, de vierkante Hockelsturm – ooit een wacht- en nu een klokkentoren – op een rots voor het kasteel en 24 andere torens, die deel uitmaakten van een kolossale ringmuur. Grote delen van die muur en enkele torens zijn bewaard gebleven – je kunt er een wandeling langs maken via de Ringmauerweg (kijk op de plattegrond bij het toeristenbureau).

9

Het mooiste van het hele land – **kasteel van Vianden**

Deze van wapens en borstweringen vergeven vesting was toch ook een plaats waar van het leven werd genoten. Nog altijd kun je je in de Byzantijnse pronkzaal eenvoudig een voorstelling maken van een prachtig bal en de omvang van de wijnkelder doet vermoeden dat men niet afkerig was van druivennat.

Via vier poorten, de laatste met valhek, kom je op de **binnenplaats** 1. Vanaf hier heb je een prachtig uitzicht op Vianden en het dal van de Our. Links loopt een trap omhoog naar het kleine burchtgebouw. In de **wapenkamer** 2, die voorzien is van kruisgewelven, en de kleine **ridderzaal** erachter zijn glimmende harnassen, maliënkolders, lansen, hellebaarden en zeisen te zien. Hiermee hielden de ridders zich vroeger eventuele aanvallers van het lijf. In de **archeologische crypte** 3 geven maquettes en opgegraven objecten een beeld van de geschiedenis van het bouwwerk.

De prachtige kapel

In de aan Sint-Antonius gewijde kapel werd de scheiding tussen de standen door een simpele bouwkundige ingreep gerealiseerd. Het volk en de bedienden zaten in de eenvoudige romaanse **benedenkapel** 4 te luisteren naar wat er doordrong via een opening in het plafond, terwijl de adel en de geestelijken in de ooit prachtig beschilderde **bovenkapel** 5 de mis bijwoonden. Deze laatste onderscheidt zich met fraaie zuilenclusters en een bijzonder gewelf.

K
KERKER

Natuurlijk is het kasteel ook voorzien van een kerker, een donkere, maar goed geventileerde ruimte onder het westelijke terras. In tijden van oorlog zou daar alles van waarde zijn verstopt.

Voor betoverende bal-avonden

Ernaast ligt de **Byzantijnse pronkzaal** 6 met zijn volmaakte klaverbladvensters. In de zaal erboven kun je inzicht krijgen in het verloop van de restauratie van het kasteel, onder meer aan de hand van mooie maquettes. Vroeger diende deze zaal als opslagplaats van tienden (een soort belasting)

in de vorm van graan, net als de zaal ernaast boven de kapel. Hier hangen tal van portretten van prominente bezoekers van het kasteel en Vianden, onder wie ook Victor Hugo.

In de **banketzaal** 7 zijn een roetzwarte en met de wapens van Nassau en Von Looz versierde schouw uit de 15e eeuw en een gigantische tafel van eikenhout de blikvangers. Het **slaapvertrek** 8 ernaast wordt gedomineerd door een bed met een Frans baldakijn. In het aan de buitenkant met vier halfronde torens versterkte grote burchtgebouw bevindt zich een **feestzaal** 9 met prachtige wandtapijten. In de **stamboomzaal** 10 ernaast wordt de verwantschap tussen de huizen van Oranje en Nassau, de heersers van Vianden, belicht en kun je ook hun wapens bekijken.

Victor Hugo vond in Vianden 'twee dingen, even bemoedigend als indrukwekkend: een griezelige ruïne en een opgewekte bevolking'.

Hightech van vroeger

Zware gietijzeren pannen, hakmessen, een kaaspers: voor het werk in de **keuken** 11 was flink wat spierkracht nodig. Gelukkig kon de haak waaraan de zware ketels boven het vuur hingen worden gedraaid. Snel even water halen was er niet bij: de 53 m diepe **put** 12 ligt aan de ene kant van de keuken, terwijl de **eetzaal** 13 met het rustieke meubilair en de waardevolle gobelins zich aan de andere kant bevindt.

In de **ridderzaal** 14, die voorzien is van kruisgewelven, flankeren twee harnassen van Toledostaal de reusachtige schouw. Onder de zaal ligt de in de rotsen uitgehouwen voormalige wijnkelder van het kasteel, die tegenwoordig tijdens feesten dienstdoet als café.

INFO EN OPENINGSTIJDEN

Kasteel: www.castle-vianden.lu, dag. jan./feb., nov./dec. 10-16, mrt., okt. 10-17, apr.-sept. 10-18 uur, € 7, met korting vanaf € 2.

Festival Médiéval: eind juli/begin aug., circa tien dagen. Met ridderspelen, feestmalen, middeleeuwse klanken, minstrelen, goochelaars, roofvogels en marktkraampjes met een bonte verzameling koopwaar wordt in het kasteel van Vianden de goeie ouwe riddertijd in herinnering geroepen. In de voormalige wijnkelder worden smakelijke gerechten en duivelse 'sapjes' geserveerd (www.castle-vianden.lu).

ETEN EN DRINKEN

Voor of na een bezoek aan het kasteel kun je een hapje gaan eten of alleen iets drinken bij de **Ancien Cinéma Café Club** (23, Grand-Rue, www.anciencinema.lu).

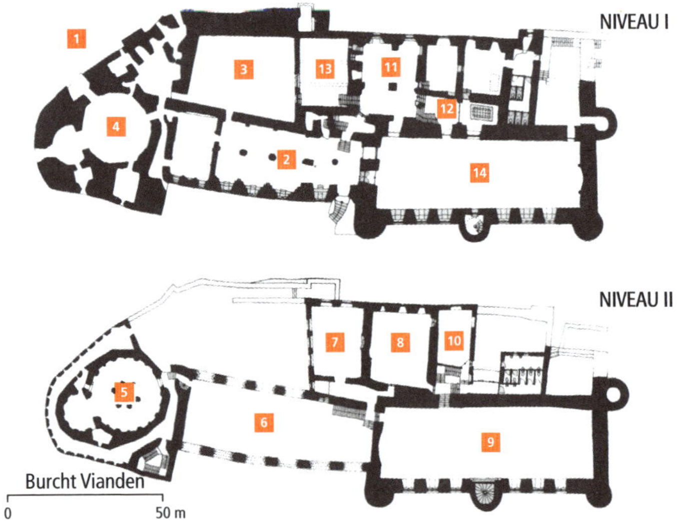

Uitneembare kaart: E 5

Zelfs Mick Jagger heeft in deze stoeltjeslift gezeten.

Pest en hydro-energie

De **Sint-Rochuskerk**, die in 1770 in het noorden van Vianden is gebouwd en genoemd is naar de beschermheilige van de pestlijders, herinnert eraan dat ook Vianden niet verschoond is gebleven van deze rampzalige epidemie. Achter de spitse torens van de kerk verrijst de 30 m hoge **stuwdam in de Our**. Het water erachter – meer dan zes miljoen kubieke meter – wordt gebruikt voor stroomopwekking. 's Nachts wordt in de **spaarbekkencentrale** (dag. 10-16, Pasen-sept. tot 20 uur) het water van het stuwmeer met goedkope nachtstroom naar de bekkens op de Nikolausberg gepompt. Overdag stroomt het water weer naar beneden, waar het turbines aandrijft en duurdere dagstroom produceert.

Knus

Hotel Victor Hugo

Lichte en stijlvol ingerichte kamers, een wellnesscentrum, een sauna. een solarium, een mooi terras en een restaurant met Luxemburgse specialiteiten.

1, rue Victor Hugo, tel. 83 41 60-1, www.hotelvictorhugo.lu, 2 pk vanaf € 89

Tiptop

Hotel Heintz

Ooit zaten de trinitariërs hier in hun brouwerijcafé te pimpelen, nu biedt dit hotel er modern ingerichte kamers (aan de zuidkant met balkon). Faciliteiten zijn een bar, een garage voor motoren, een lift en een restaurant met Franse en Luxemburgse gerechten – die bij mooi weer ook op het terras in de tuin worden opgediend.

55, Grand-Rue, tel. 83 41 55, www.hotel-heintz.lu, 2 pk vanaf € 75, ontbijt € 9 p.p.

Kamperen

Camping de l'Our

Mooi gelegen terrein aan de oever van de Our met een supermarkt, een café, een restaurant en zwem- en vismogelijkheden.

3, route de bedel, tel. 83 45 05, www.camping-our-vianden.lu, Pasen-okt.

Landelijk

Beim Hunn

In dit restaurant aan de voet van de rots waarop het kasteel staat, was ooit de smederij ervan gevestigd. Er komen stevige specialiteiten van de houtskoolgrill op tafel en in de landelijk aandoende eetzaal hangt een authentieke, gezellige sfeer. In de bijbehorende Auberge Aal Veinen kun je overnachten – motorrijders zijn ook welkom!

114, Grand-Rue, tel. 83 43 68, http://vianden.beimhunn.lu, wo.-ma. 12-15, 18-22 uur, hoofdgerecht ca. € 10-30

Eenvoudig tot modern

Auberge de l'Our

Op de LaJolla Lounge, het terras beneden bij de rivier met uitzicht op de brug, worden 's middags in de zon en 's avonds bij kaarslicht onder andere *judd mat gaardebounen* (€ 20,50), steaks van de grill (vanaf € 22,50) en pizza's (vanaf € 12) geserveerd.

35, rue de la Gare, tel. 83 46 75, www.aubergevianden.lu, dag. 12-21 uur, in de winter gesl.

Zittend omhoog

De **stoeltjeslift** brengt je tot een hoogte van 220 m de **Belvedere** op, vanwaar je een prachtig uitzicht op zowel het kasteel als Vianden hebt. Misschien een leuk idee om een wandeling terug naar het dal te maken?

39, rue du Sanatorium, tel. 83 43 23, Pasen-eind okt. dag. 10-17 (18) uur, in okt. bij slecht weer gesl., retour € 5,30, enkele reis € 3,90, met korting € 2,80 (€ 2,30).

Geen hoogtevrees

Na een korte instructie kun je aan het **parcours van klimtuin Tree Climber** beginnen. Trek er minstens twee uur voor uit. Hoe je er komt? Vanaf de parkeerplaats bij het kasteel loop je in de richting daarvan en sla je vervolgens links af. Na ongeveer tien minuten kom je in het bos Bildchensbësch. Een andere mogelijkheid: neem de stoeltjeslift omhoog en wandel vervolgens een kwartiertje naar beneden.

Apr.-okt. dag. 10-18 uur, informatie en (verplichte) reservering bij het toeristenbureau (zie hierna) of online: http://www.vianden-info.lu, tel. 691 90 12 23, volwassenen vanaf € 18, met korting vanaf € 13

INFORMATIE & EVENEMENTEN

Toeristenbureau: 1a, rue du Vieux-Marché, tel. 83 42 57, www.vianden-info.lu, ma.-vr. 10-12, 13-18, za., zon- en feestdagen 10-15 uur, okt.-mrt. ma. gesl.

Veiner Nëssmoort: op de tweede zondag van oktober zijn vrijwel alle inwoners van Vianden op de traditionele notenmarkt te vinden, waar bij marktkraampjes, op karren en in winkels vers geoogste walnoten en daarvan bereide lekkernijen te koop worden aangeboden. Behalve kruimelige varianten zoals *nësskuch*, *nëssbrout*, *nësstrets* en *nësszopf* zijn er ook vloeibare, zoals *nëssdröpp* (brandewijn), notenthee, notenmelk, notenwijn en notenlikeur.

Kasteel Vianden: concerten, tentoonstellingen, Festival Médiéval – meer over het culturele evenementenprogramma vind je op www.castle-vianden.lu.

Bourscheid (Buurschent) D 5

De attractie van dit hoog op een plateau gelegen dorpje is het kasteel. Bourscheid is een uitvalsbasis voor wandelingen in het omliggende, heuvelachtige Ardennenlandschap, dat tal van uitkijkpunten biedt. In de zomer trekt het dorpje veel bezoekers die aan de Sûre kamperen.

Goed bewapend

Kasteel Bourscheid

Hoog boven het dorp en de Sûre staat op een kegelvormige rots het kasteel Bourscheid, een van de grootste en statigste kastelen van Luxemburg. Van hieruit heersten de kasteelheren over grote delen van het Sûredal en de aangrenzende dalen. Voor een mooi **uitzicht** op het kasteel ga je naar een kleine picknickplaats die ten zuidwesten van het dorp links van de CR348 van Bourscheid naar Ettelbruck ligt. Je ziet onder andere het in 1384 gebouwde **Stolzemburger Haus**, een imposant woongebouw met opvallende trapgevels, en de **buitenmuren** met de **ronde torens**, die bij de restauratie spits toelopende leisteendaken hebben gekregen. Op de hoogste rots in het

Klimtuin Tree-Climber is alleen geschikt voor mensen zonder hoogtevrees.

complex liggen de door een smallere ringmuur omgeven **ruïnes van het eerste kasteel** uit de 11e eeuw. De grote **wachttoren**, het oudste deel van het eerste kasteel, steekt boven alle andere bouwwerken uit. Je kunt het allemaal van dichtbij gaan bekijken, waarbij je als bonus prachtige uitzichten op het bochtige dal van de Süre hebt.

Tel. 99 05 70, http://chateau.bourscheid.lu, dag. apr-15 okt. 9.30-18, 16 okt.-mrt. 11-16 uur, toegang (met audioguide) € 5, met korting vanaf € 3

Uitkijkpunten

Het uitkijkpunt **Gringlay** biedt een fantastisch uitzicht op een hoefijzervormige bocht in de Sûre en op het kasteel. Eigenlijk is het jammer dat je niet als een adelaar boven het kasteel kunt cirkelen om het vanaf boven te bekijken. Je zult genoegen moeten nemen met de met drones gemaakte **filmpjes** op de website van het kasteel (http://chateau.bourscheid.lu).

Hotel met uitzicht

Belair

Rustig en mooi gelegen hotel aan de Sûre, met uitzicht op het kasteel. Er zijn negentien gezellige kamers en je kunt gebruikmaken van wellnessfaciliteiten. Uitstekend restaurant.

Rue Buurschter-Plage, Bourscheid-Plage, tel. 263 03 51, www.cocoonhotels.com, 2 pk vanaf € 106

Met verhuur van e-bikes

St Fiacre

Hotel met een prachtig panoramisch uitzicht op het dal van de Sûre, midden in het bochtige paradijs voor motorrijders. Je kunt hier ook e-bikes huren.

4, Groussgaass, tel. 99 00 23, www.st-fiacre.lu, 2 pk vanaf € 95, interessante arrangementen

Kamperen

Um Gritt

Je kunt hier met je eigen camper terecht en natuurlijk ook met je eigen tent, maar wat te denken van een permanente, comfortabele en ruime safaritent, een trekkershut, een chalet of een *leaf*, een bladvormig houten huisje met bedden, een wc, een kookhoek, een koelkast en een terras. Het is hier allemaal te huur. De camping ligt aan de Sûre en er is ook nog een brasserie.

Bourscheid-Moulin, tel. 621 33 98 37, www.umgritt.castlegarden.lu, half apr.-okt.

Zwemplezier
Bourscheid-Plage
Op de weiden langs de weg Buurschter Plage, in de richting van camping Du Moulin, kan iedereen gratis picknicken, afkoeling zoeken in de rivier en in de zon liggen. Dit is een van de mooiste stranden aan de Sûre.

Klein dorp, statig kasteel: Bourscheid.

INFORMATIE & EVENEMENTEN

Syndicat d'Initiative et de Tourisme: Camping Panorama, Schlasswee 17, tel. 621 23 79 60, www.tourismebourscheid.lu.
Kasteel Bourscheid: in de zomer concerten, toneelvoorstellingen en tentoonstellingen (informatie bij het Syndicat d'Initiative).

IN DE OMGEVING

Let op, vampiers!
Brandenbourg (Branebuerg) E 5
Enkele kilometers ten oosten van Bourscheid verrijzen aan de andere kant van de Sûre de ruïnes van de ooit imposante Brandenbourg boven de daken van het dromerige boerendorp. De oudste delen stammen uit de 10e eeuw; in de 15e-16e eeuw is het complex uitgebreid met een voorhof, ringmuren en torens. Er is zelfs een kelder van twee etages in de rotsen uitgehouwen. De burcht heeft inmiddels ook al dienstgedaan als filmdecor, onder andere voor *Shadow of the vampire*.

Bezichtiging: apr.-okt. dag. 9-17 uur, toegang gratis. Het komt weleens voor dat de poort evengoed vergrendeld is.

Esch-sur-Sûre (Esch-Sauer) C 5

Verscholen tussen beboste berghellingen ligt in een smalle, hoefijzervormige bocht van de Sûre het pareltje Esch-sur-Sûre: wit geschilderde huisjes aan de voet van een parochiekerkje, dat in de schaduw van een middeleeuwse burchtruïne staat. Het dorp staat onder monumentenzorg en is een van de meest idyllische dorpjes van Europa (▸ blz. 76). Vanuit het oosten is Esch alleen via een donkere tunnel in de rotsen te bereiken.

Een keur aan kamers
De la Sûre
In dit hotel aan de voet van de burchtruïne kun je je intrek nemen in een ecologisch verantwoorde kamer, een antiallergene, eentje voor gezinnen of een kamer met een massagedouche, een hammam of een whirlpool – de 24 kamers zijn allemaal verschillend ingericht. Je zou denken dat het niet veel beter kan, maar er is zelfs een

wasplaats en een afsluitbare stalling voor motoren – want ook motorrijders zijn hier van harte welkom. In restaurant **Comte Godefroy** ❶ (▸ blz. 78) worden internationale en regionale gerechten geserveerd. De ingrediënten komen rechtstreeks bij de boer vandaan.

1, rue du Pont, tel. 83 91 10, www.hotel-de-la-sure.lu, 2 pk vanaf € 70

Aan de Sûre

Camping im Aal

Rustige camping aan de Sûre, op circa 500 m van Esch. Je kunt hier ook in een safaritent of een caravan overnachten (minimumverblijf twee nachten, € 65-95 per nacht).

1, Am Aal, tel. 83 95 14, www.campingaal.lu, hele jaar door geopend, staanplaats € 7, volwassene € 7, kind € 4

Milieubewust

Camping Toodlermillen

Verzorgd en milieubewust beheerd terrein midden in een ongerept landschap aan de Sûre. Winkel met biologische en regionale producten, restaurant, recreatieruimte en moderne, ook voor mensen met een beperking geschikte sanitaire voorzieningen.

1, Op der Millen, Tadler-Moulin, tel. 83 91 89, www.camping-toodlermillen.lu, 15 apr.-sept. staanplaats vanaf € 8, volwassene vanaf € 7, kind vanaf € 3,50

Heel natuurlijk

Schmaach Ëm de Séi a méi

Na een verkenning van het dorpje even pauzeren met een kopje koffie? En misschien nog boodschappen doen? In de bakkerij en de kruidenierszaak vind je allerlei natuurproducten, zoals brood, gebak, kaas, vlees, brandewijn, likeur, specerijen en een groot assortiment thee, koffie, jam, honing, pasta van lokale granen, spelt ... het meeste *'vum Séi'*. Dat is het kwaliteitsmerk van de regionale producten uit het Naturpark Öewersauer en omgeving, rondom de *Séi*: het Lac de la Haute-Sûre (of de Obersauer Stausee)

1, rue du Moulin, tel. 26 88 90 03, www.emdeseiamei.lu, dag. 8.30-18, winter tot mrt. 9.30-16.30, za., zon- en feestdagen 8.30-16 uur, di./wo. gesl.

Brocante

Blur Ëm de Séi a méi

Meubels en keukengerei uit grootmoeders tijd, speelgoed, radio's, platenspelers, schilderijlijsten en nog veel meer.

Rue de la Poste, tel. 621 66 62 15, www.emdeseiamei.lu, dag. 8.30-18 uur

INFORMATIE

Syndicat d'Initiative en het bezoekerscentrum van het Naturpark Öewersauer: 15, route de Lultzhausen, tel. 899 33 11, www.naturpark-sure.lu, apr.-okt. dag. behalve wo. 10-12, 14-18, za., zon- en feestdagen 14-18, nov.-mrt. tot 17, juli/aug. 10-18 uur.

IN DE OMGEVING

Paradijs voor ontspanningzoekers

Naturpark Öewersauer 🗺 C 5

Het Lac de la Haute-Sûre (Obersauer Stausee) met de steile beboste hellingen die op veel plaatsen tot aan de oever reiken, de door bomen bewaakte dalen, groene weiden, knusse dorpjes en oude, historie ademende boerderijen vormen gezamenlijk het Naturpark Öewersauer. Het park nodigt uit tot verkennen en ontspannen; er zijn wandelpaden, educatieve routes over aspecten van de natuur, cultuur, architectuur, religie en geschiedenis van de regio en bovendien is er een groot aanbod aan actieve vrijetijdsbesteding. Je kunt het best beginnen met een kijkje in het bezoekerscentrum van het natuurpark. Dit Maison du Parc Naturel de la Haute-Sûre is gevestigd in de oude textielfabriek (museum ▸ blz. 78) van Esch-sur-Sûre en biedt uitvoerige informatie over alle activiteiten.

15, route de Lultzhausen, Esch-sur-Sûre, tel. 899 33 11, www.naturpark-sure.lu, apr.-okt. dag. behalve wo. 10-12, 14-18, za., zon- en feestdagen 14-18, nov.-mrt. tot 17, juli/aug.10-18 uur

\# 10

Dorp in een lus – **Esch-sur-Sûre**

Ingesnoerd in een scherpe bocht van de Sûre verdringen witgeverfde huisjes elkaar rond een parochiekerkje, dat in de schaduw van een burcht staat. Het dorpje (390 inwoners) staat onder monumentenzorg.

Esch-sur-Sûre is goed te voet te verkennen, maar om het dorpje ook vanaf boven te bekijken – een absolute must – moet je wat meer moeite doen. Sla vanaf Rue de Kaundorf aan de andere kant van de Sûre het eerste straatje rechts in en neem vlak voor het laatste huis rechts een smal pad omhoog. Boven heb je een prachtig **uitzicht** 1.

Wandel hierna terug over de **oude brug** 2. Deze werd in 1787 gebouwd, na jarenlang aandringen van de lokale wolwevers. Bij gebrek aan akkerland was de wolweverij hier destijds de belangrijkste bron van inkomsten. De verkoop van de producten verliep echter moeizaam – omdat er geen bruggen waren, moesten enorme omwegen worden gemaakt naar de markten. In een **voormalige textielfabriek** 3 kun je oude weefmachines in bedrijf zien en de vervaardigde producten ook kopen.

In de volksmond wordt Esch-sur-Sûre Am Loch *genoemd, omdat het door hellingen omringd in een gat lijkt te liggen.*

Herinnering aan vreselijke tijden

Aan de andere kant van de brug herinnert het **pestkruis** 4 aan de inwoners van Esch die in 1636 ten prooi vielen aan de Zwarte Dood. Slechts vijf gezinnen overleefden de epidemie. Restaurant **Comte Godefroy** 1 aan de voet van de burchtruïne serveert plaatselijke gerechten die worden bereid door een Luxemburgse topkok. Een stukje verderop staat de **parochiekerk** 5. Opvallend is het 17e-eeuwse altaar, waarop Maria en het kind Jezus ongewoon strijdvaardig staan afgebeeld.

Basis van dappere krijgers

Naast de kerk loopt een in de rotsen uitgehakte trap omhoog naar de **burchtruïne** 6. Achter de 17e-eeuwse toegangspoort ligt een binnenplaats met een romaanse burchtkapel en een imposante wachttoren. Oorspronkelijk was dit een woontoren, die vanaf 927 was gebouwd als verdediging tegen invallen van de Hongaren. Latere bewoners waren onder anderen de broers Henri I en Godefroy I, die uiteindelijk op kruistocht gingen. Vanaf de 16e eeuw raakte de burcht in verval, maar hij bleef bewoond. Toen de Franse schrijver Victor Hugo in 1871 de plaats bezocht, noteerde hij dat er nog verscheidene gezinnen woonden.

In de 14e eeuw kreeg het dorp een ringmuur met **twee wachttorens** 7, die er nog altijd staan. De muur is gesloopt, op enkele overblijfselen na die als achtermuur van huizen dienen, zoals te zien is in Rue des Remparts.

Het **Mariabeeld van Lourdes** 8, een 3 m hoge replica van dat in Lourdes, staat op de rots bij de **Lochtoren** 9. Het is bereikbaar via een tamelijk steile **trap in de rotsen** 10. Wie het beeld ooit heeft geschonken, is nog altijd een raadsel. Het verhaal gaat dat het een vrouw van buiten Esch is geweest, die in Lourdes van kanker was genezen.

INFO EN OPENINGSTIJDEN

Textielfabriek en -museum (Musée de la Draperie) 3: 15, route de Lultzhausen (waar ook het bezoekerscentrum van het natuurpark is gevestigd), www.naturpark-sure.lu, apr.-okt. ma., di., do., vr. 10-12, 14-18, za., zon- en feestdagen 14-18, nov.-mrt. tot 17 uur, € 3, tot 21 jaar gratis.

Burchtruïne 6: hele jaar door gratis toegankelijk.

ETEN EN DRINKEN

Comte Godefroy 1: 1, rue du Pont, www.hotel-de-la-sure.lu, eind jan.-half dec. dag. 12-15, 18.30-22 uur, hoofdgerecht vanaf € 19.

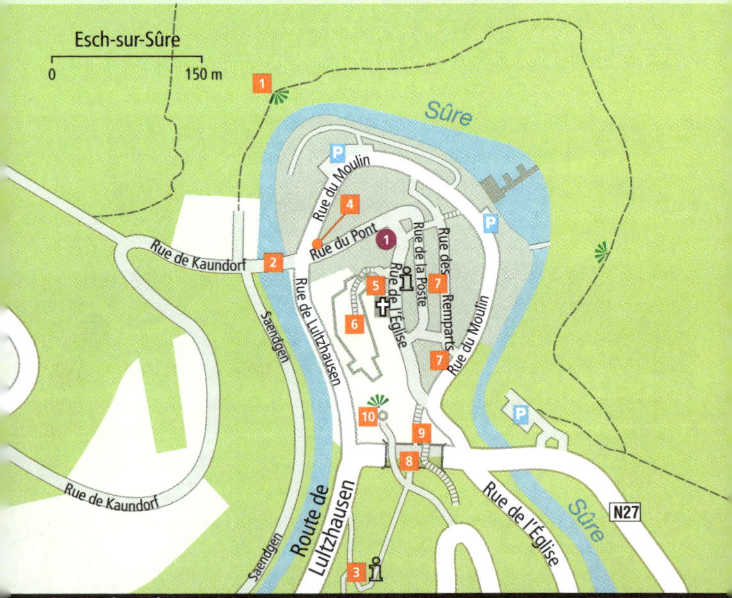

Uitneembare kaart: C 5

Op, boven en in het meer

Lac de la Haute-Sûre B/C 5

Het Lac de la Haute-Sûre (Obersauer Stausee) is het grootste drinkwaterreservoir van Luxemburg. Buiten het met bordjes afgebakende waterwingebied, dat zich vanaf de stuwdam ongeveer 5 km uitstrekt, wordt het ook voor **recreatie** gebruikt. Het is een paradijs voor watersporters, want je kunt hier uitstekend kanoën, duiken, surfen, zeilen en vissen. En prima stranden zijn er ook nog. Motorboten zijn verboden, maar je kunt wel een natuurexcursie maken op een solarboot (vertrek in Insenborn, an der Baech, Plage I, aanmelden in het bezoekerscentrum van het natuurpark in Esch-sur-Sûre). En voor wie weleens een wandeling over het meer wil maken, ligt er bij Lultzhausen een deels door pontons gedragen voetgangersbrug, die ook nog eens fantastische uitzicht biedt.
Je kunt het veelzijdige landschap van het Naturpark Öewersauer verkennen via verscheidene **thematische rondwandelingen**, zoals 'Skulpturenweg', 'Auf der Spur von Wasser und Natur', 'Wiss, Bach a Bësch' (weide, beek en bos) en 'Ranschleider Pad', een fascinerende bezinnings- en meditatieroute bij Rindschleiden. Brochures zijn verkrijgbaar bij het bezoekerscentrum, maar ook via de website van het park (www.naturpark-sure.lu).

Leisteenwinning

Musée de l'Ardoise B/C 5

Bij Martelange is lange tijd met hamer en pikhouweel leisteen gewonnen. De zware brokstukken werden vanuit de groeve op de rug naar boven gesjouwd en tot platen verwerkt voor dakbedekking. In deze stilgelegde groeve kom je alles te weten over het fragiele gesteente en de verwerking ervan.

Maison 3, Obermartelange, tel. 23 64 01 41, openingstijden en entreeprijzen voor zowel individueel bezoek als rondleiding zie www.ardoise.lu

VUM SÉI

Aan de Boven-Sûre voelt men zich aan de natuur verplicht. Zo worden in Naturpark Öewersauer op milieuvriendelijke wijze graan, kruiden en thee *(Téi vum Séi)* verbouwd en voor de productie van bier, brood en banket gebruikt. En achter het etiket *Bléi vum Séi* (bloemen van het meer) gaan cosmetica als milde paardenbloemenzeep, lavendelzeep en Ourdaller peeling-papaverzeep schuil, maar ook kruidenbonbons (http://bvs.naturpark.lu). Het kwaliteitsmerk *vum Séi* (www.vumsei.lu) staat voor uitstekende regionale natuurproducten, waaronder ook *Véi vum Séi* (vlees uit gecontroleerde en milieuvriendelijke veeteeltbedrijven).
De liefde voor de natuur komt ook op culinair gebied tot uiting. Zo serveren tal van restaurants in de regio (zoals Comte Godefroy, ▸ blz. 78) onder de verzamelnaam *Gourmet vum Séi* uitstekende gerechten die met lokale ingrediënten zijn bereid. Je kunt ook gaan winkelen bij de *Buttik* (boetiek) *vum Séi* (met op de begane grond een slagerij en een bakkerij en op de eerste verdieping microbrouwerij Den Heischter) in Heiderscheid (4, am Clemensbongert, tel. 83 92 19, ma.-vr. 7-19, za. 7-17 uur). Veel producten van *vum Séi* zijn ook verkrijgbaar in het bezoekerscentrum van het natuurpark in Esch-sur-Sûre.

11

Genieten met alle zintuigen – **natuur aan de Boven-Sûre**

Beboste dalen, uitgestrekte hoogvlakten, heuvels, dorpjes en een stuwmeer vormen het prachtige landschap van Naturpark Öewersauer. Laat je hier onderdompelen in de veelzijdige natuur en de cultuur van deze regio, die tal van bijzonderheden bieden.

Deze rondwandeling 'Wasserfee', die ook (of eigenlijk vooral) geschikt is voor kinderen, begint in de straat An der Gaass in **Eschdorf**, bij de schuilhut tegenover nummer 23. Vanaf hier kun je simpelweg het bordje met de waterdruppel volgen.

Hoor!

Het eerst kom je bij de **klankboom**. Wie erin klimt, kan zich laten verrassen door de geluiden die er te horen zijn. Hierna volgt de **boomxylofoon**. De stukken hout klinken allemaal verschillend als je er met een stok op slaat.

Een **boomtelefoon**? In deze tijd van de mobiele telefoon? Maar het werkt echt. De een houdt zijn oor bij het ene uiteinde van de boomstam, terwijl de ander bij het andere uiteinde aan het hout krabt – het hout geleidt geluid. Weer een stukje verder kom je bij de **sprookjeshut**, die heel geschikt is om een pauze te nemen. Wie de brochure van het natuurpark bij zich heeft (verkrijgbaar bij het bezoekerscentrum), kan de kleintjes hier het verhaal voorlezen van de waterfee Drops.

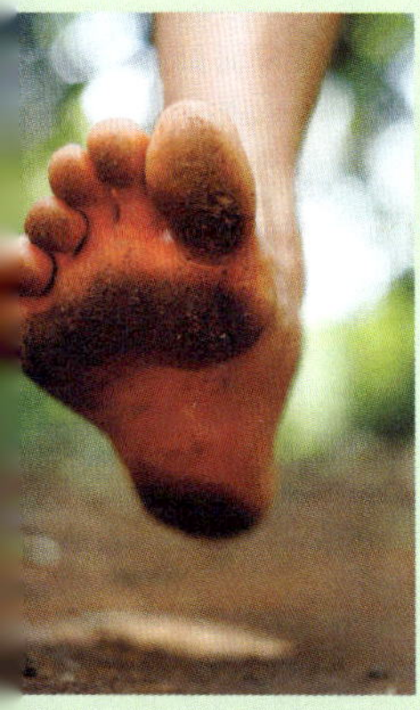

Alle zintuigen op aan!

Al eens aan een beek gevoeld?

Wat kun je aan een **beek** voelen? Natuurlijk de temperatuur. En de stroming. Misschien zie je ook wel het huisje van een kokerjufferlarve, dat gebouwd is van steentjes en stukjes plant. De **kijkhoek**, die een mooi uitzicht op het landschap biedt, is een prettige plek om even uit te rusten. Als je bij de volgende stop door de klaarstaande kijker kijkt, zie je een oude **grensboom**. Vroeger werden grenzen niet alleen aangegeven met stenen, maar ook met bomen. Vervolgens kom je bij het **blotevoetenpad**. Schoenen en sokken uit, ogen dicht en met je voeten voelen wat je allemaal tegenkomt.

Zoemen, kijken, schommelen

Onderweg kun je proberen om sporen te lezen: sparappels waaraan geknabbeld is, verraden bijvoorbeeld door welk dier dat is gedaan – bosmuizen knabbelen heel netjes, eekhoorns trekken er slordig schilfers af en spechten hakken er lukraak met hun snavel in.

In de natuur zijn allerlei verschillende geluiden te horen. Zo maken zelfs stenen geluid door de wind. Bij de **zoemsteen** kun je je eigen gezoem overbrengen op een steen en dat horen en zelfs voelen.

Door het 'raam' bij de volgende stop kun je het **landschap** bestuderen. Wat is er te zien? En op welke manier is het dorp daar in de verte in het landschap ingepast? Hoe liggen de akkers en weiden ten opzichte van het dorp?

Als laatste kom je bij de **dubbele schommel**. Met zijn tweeën schommelen lukt alleen als de beweging van de ene schommel wordt aangepast aan die van de andere. In de natuur gaat het precies hetzelfde: alles beïnvloedt elkaar en is in evenwicht met elkaar. Elke verandering heeft gevolgen.

INFO EN OPENINGSTIJDEN

Wie nog meer wil weten, gaat naar het **Waldentdeckungszentrum Burfelt** (www.naturpark-sure.lu, 15 juni-15 sept. di.-zo., 16 sept-1 nov. zo. 13-17.30 uur), dat op een schiereiland ligt. Bij het parkeerterrein begint een educatief bospad, dat naar de boerderij Burfelt loopt. Hier vind je een tentoonstelling over het bos en het gebruik ervan.

ETEN EN DRINKEN

Tegenover de kerk van Eschdorf kun je een hapje eten in **Café Grilo** ❶ (An der Gaass 8, tel. 26 88 97 20).

Uitneembare kaart: C 5 | Rondwandeling 4,5 km, duur 2-2,5 uur

De kapel van Kunigunde

Heiderscheidergrund (Heischtergronn) 🕮 C 5
'Inktpot', noemt de plaatselijke bevolking deze in 1850 gebouwde, achthoekige kapel, die aan de heilige Kunigunde is gewijd. Er hangen diverse afbeeldingen van de heilige.

Het kleinste van Luxemburg

Rindschleiden (Randscheld) 🕮 C 6
In het kleinste dorp van Luxemburg staat een echt pareltje: de aan de buitenkant onooglijke **dorpskerk**, die aan de heilige Willibrordus is gewijd, heeft binnen prachtige kruisribgewelven die geheel zijn beschilderd met waardevolle fresco's uit de 15e eeuw. Naast de kerk ligt de **Willibrordusbron**, die volgens de legende opborrelde nadat de heilige de grond had aangeraakt met zijn bisschopsstaf.

Wiltz (Wolz) 🕮 C 4

Dit bremstadje – de geel bloeiende plant is het symbool van de Ösling – bestaat uit de delen Nieder- und Oberwiltz. De bezienswaardige kern van Oberwiltz wordt gevormd door het op een bergrug gebouwde kasteel met de brede buitentrap, het statige stadhuis met het middeleeuwse gerechtelijke kruis ervoor en de schilderachtige huizen rond de Église Notre-Dame. In Niederwiltz vestigden zich ooit leerlooiers en wevers.

BEZIENSWAARDIGHEDEN

Openluchttheater

In de historische kern ligt het **kasteel** 1, dat met zijn imposante silhouet en brede buitentrap elk jaar het decor vormt van de openluchtvoorstellingen van het Festival de Wiltz. Oorspronkelijk was er een kasteel bij de rivier, maar dat stond strategisch gezien op de verkeerde plaats en ging uiteindelijk in vlammen op. In de 12e eeuw werd een nieuw kasteel gebouwd, dit keer op de berg. Ook dat werd in een strijd verwoest; het enige dat nog resteert is de heksentoren in de kasteeltuin. Tussen 1631 en 1727 lieten de graven van Wiltz op de fundamenten van dat kasteel het huidige barokkasteel met de prachtige renaissancegevel bouwen. De romaanse toren van de asymmetrisch

WILTZ (WOLZ)

Bezienswaardig
1 Kasteel (musea)
2 Église Sts-Pierre-et-Paul
3 Jardin de Wiltz
4 Coopérations
5 Prabbeli

Overnachten
1 Aux Anciennes Tanneries

Eten en drinken
1 Arancio Nero

Sport en activiteiten
1 Aquapark Kaul

Ook wanneer het geen Nuit des lampions *is, brandt er licht in Wiltz.*

gebouwde, laatgotische **Église Sts-Pierre-et-Paul** 2 in Niederwiltz maakte vermoedelijk vroeger deel uit van de eerste middeleeuwse burcht. Hoogtepunten zijn twee door de gilden geschonken barokke zijaltaren met de beeltenissen van hun patroonheiligen (1720), de graftomben van de graven van Wiltz en het stenen pestkruis naast de kerk uit 1635.

Musea in het kasteel

Eind 1944 namen de Duitsers Wiltz opnieuw in, maar niet veel later bevrijdden de Amerikaanse troepen de verwoeste stad definitief. Twee jaar eerder hadden de arbeiders van Wiltz uit protest tegen de dienstplicht voor het Duitse leger opgeroepen tot een staking, die zich als een olievlek over heel Luxemburg had verspreid. De stakers van Wiltz werden geëxecuteerd of naar een concentratiekamp overgebracht. Zowel het **Musée sur la Bataille des Ardennes 1944/45** – met aangrijpende foto's, documenten, uniformen en oorlogsmateriaal – als de monumentale **dodenlantaarn** tussen de beide stadsdelen herinneren aan deze gebeurtenissen.

Voor een interessant inkijkje in het ambacht van looiers, wevers, ontschorsers, bierbrouwers en andere beoefenaars van traditionele beroepen uit vervlogen tijden ga je naar het **Musée National d'Art Brassicole et de la Tannerie** (brouwerij- en leerlooierijmuseum) in de vroegere paardenstallen van het kasteel. Onder de vakkundige leiding van een brouwmeester kunnen bezoekers hier in de 'kleinste brouwerij ter wereld' zelfs hun eigen bier brouwen (groepen op afspraak, tel. 95 74 44). In het gezellige museumcafé Jhang Primus kun je verschillende bieren proeven.

Kasteel Wiltz, www.wiltz.lu, ma.-vr. 9-12, 14-17, za. 10-12, juli/aug. dag. 10-18 uur, 2,50 €, met audioguide € 3,50, met audioguide en bierproeverij € 5,50

ETEN EN SLAPEN

Stijlvol

Aux Anciennes Tanneries 1

Charmant hotel in een voormalige leerlooierij aan de rivier. Het interieur is een symbiose van landelijk en modern. De gasten kunnen zich ontspannen met een spinningtraining. Sfeervol restaurant waar onder andere typisch Luxemburgse gerechten op tafel komen (hoofdgerecht vanaf € 21).

42a, rue Jos Simon, tel. 95 75 99, www.auxanciennestanneries.com, 2 pk vanaf € 101

12

Een fascinerende tuin – Jardin de Wiltz

Rotstuinen, pergola's, zeeën van planten, terrassen, waterwerken en beelden: de Jardin de Wiltz is één groot en levendig kunstwerk. De tuin is het resultaat van de gezamenlijke inspanningen van kunstenaars, verstandelijk gehandicapten en werklozen. Voor een paar ontspannen uurtjes ben je hier aan het juiste adres!

Bij de ingang van de **Jardin de Wiltz** 3 staat een bord waarop te lezen is dat deze levende beeldentuin deel uitmaakt van de **'Europese Beeldenweg van de Vrede'**, een 'keten' van beelden die ooit van Normandië naar Rusland moet gaan lopen als symbool van het vreedzame samenleven van de volken van Europa.

Een zee van stenen

Eenmaal in de tuin sta je in een soort zee van stenen, tussen kolossale golven van blauwgrijs leisteen, waarvan ook de oude huizen in de Ösling zijn gebouwd. Midden in de zee vinden je ogen een **rustpunt**, een soort eiland van hergebruikte trottoirbanden in visgraatpatroon.

Een ook voor rolstoelen toegankelijk pad met buxussen erlangs slingert zigzaggend de helling op. Boven ligt een **draak**, waarvan de geschubde huid uit glinsterende scherfjes keramiek bestaat. De staart van het dier doet ook dienst als gootje waardoor water wordt afgevoerd.

Hoe hoger je komt, des te groener het wordt. Hier en daar groeien laurierkersen, varens hebben hun waaiervormige bladeren opengespreid en tunnels van gebogen wilgentakken bieden schaduw op de paden. Vijvertjes met waterplanten vormen biotopen voor vissen, libellen en vogeltjes. Wilgen staan als een haag rond het water en maken een hek nagenoeg overbodig. Een stukje hoger kom je bij **stenen stoelen** tussen oude bomen en weer wat verder, op een grote weide, is een **doolhof** aangelegd. Vanaf hier heb je een mooi uitzicht op Wiltz, met in het midden het kasteel.

L
LICHTJES

Tijdens de *Nuit des lampions* (laatste za. van de Luxemburgse schoolvakantie, half sept.) verandert de tuin in een romantische zee van lichtjes. Meestal klinkt er ook muziek en worden er spectaculaire optredens gegeven (www.ndl.lu).

In 1983 begon een kunstenaarscollectief met de aanleg van de Jardin de Wiltz. Op het 2,5 ha grote terrein gaan kunst en natuur een spannende symbiose aan.

Resisting the Dark

Een **lichtinstallatie** in de tuin, Resisting the Dark genaamd, herinnert aan het verzet van Wiltz in de Tweede Wereldoorlog en staat bovendien symbool voor een van de gedachten achter dit project: mensen uit de schaduw halen.

Als je de tuin doordeweeks bezoekt, zie je meestal wel mensen die bezig zijn met allerlei werkzaamheden, zoals wieden, planten en hekken stutten. Enkelen van hen zijn lid van de **Coopérations** 4, een non-profitorganisatie die de sociale, culturele en beroepsmatige integratie van gehandicapten nastreeft en hier werk biedt aan dertig à veertig verstandelijk gehandicapten. Deze instelling is gevestigd in Rue de la Montagne (de straat die vanaf de parkeerplaats aan de Place des Martyrs omhoogloopt naar de tuin).

In het voormalige brouwerijcomplex bevindt zich behalve een werkplaats ook het sociaal-cultureel centrum **Prabbeli** 5, met op de binnenplaats een café-restaurant in een paviljoen met een spectaculaire tentdakconstructie – de *prabbeli* (paraplu), waarvoor Wiltz met een architectuurprijs is onderscheiden. In de *Bicherstuff* worden boeken per kilo verkocht en er is ook een bioscoop.

INFO EN OPENINGSTIJDEN

Europese Beeldenweg van de Vrede: www.strasse-des-friedens.net.
Jardin de Wiltz 3: de doorlopend gratis toegankelijke tuin ligt aan Rue de la Montagne.
Coopérations 4: 8, rue de la Montagne, www.cooperations.lu, ma.-vr. 12.30-20 uur.

ETEN EN DRINKEN

Het café in **Prabbeli** 5 (www.cooperations.lu) is geopend ma.-za. 10-20 uur en tijdens evenementen, het restaurant ma.-vr. 12-14 uur (dagmenu € 10-12).

Uitneembare kaart: C 4 | **Plattegrond:** ▸ blz. 82

Niet alleen maar Italiaans

Arancio Nero 1

Pizza's, pasta's, bruschetta's en knapperig verse salades, maar ook sappige steaks en mosselen. In de zomer kun je ook buiten zitten.

68, rue de la Fontaine, tel. 26 95 41 40, www.arancio-nero.lu, di.-vr. 10.30-14.30, 17.30-22, za. 10-14, 18-22, zo. vanaf 12 uur, pizza € 9-15, dagmenu € 10-12,50

Waterpret

Aquapark Kaul 1

Een reusachtig zwembad, een pierenbad voor kinderen, een waterglijbaan, een FLIP-katapult en een animatieprogramma. Er zijn ook ligstoelen te huur.

Camping Kaul, 46, rue Jos Simon, tel. 28 99 13 66, www.wiltz.lu, in de zomer 10-20 uur

INFORMATIE EN EVENEMENTEN

Syndicat d'Initiative: kasteel Wiltz, 35, rue du Château, tel. 95 74 44, www.wiltz.lu, sept.-juni ma.-za. 9-12, 14-17, juli/aug. dag. 9-18 uur.

Gënzefest: Pinksteren. Meerdaags bremfeest met een lichtspektakel, de kroning van de *reine du genêt* (koningin van de brem), een grote optocht met praalwagens en muziek-, majorette- en folkloregroepen.

De toegangspoort tot Wiltz.

Fátimaprocessie: Hemelvaartsdag. Grote processie met meer dan twintigduizend deelnemers (voornamelijk uit de Portugese bevolkingsgroep in Luxemburg) naar het beeld van de Maagd van Fátima op een heuvel in de buurt van Wiltz.

Festival de Wiltz: juni/juli. Het kasteel en de kasteeltuin vormen het decor van verscheidene openluchtvoorstellingen, zoals klassieke en hedendaagse toneelstukken en concerten van eersteklas performers. Grootheden als Duke Ellington, Ella Fitzgerald, Oscar Peterson en Miles Davis hebben hier al eens opgetreden (www.festivalwiltz.lu).

Clervaux (Klierf) C 4

Als een vuurtoren markeert de al van verre zichtbare toren van de benedictijnenabdij de precieze locatie van Clervaux, beneden in het dal van het riviertje Clerf. Kleine huisjes scharen zich rond het middeleeuwse kasteel en de parochiekerk. Het rustige stadje nodigt uit tot een wandeling door het gezellige voetgangersgebied en een bezoek aan interessante tentoonstellingen.

BEZIENSWAARDIGHEDEN

Bij de benedictinessen

Alleen al de hoge, met dakpannen getooide muren langs de oprit naar de **benedictijnenabdij St-Maurice** 1 geven een gevoel van afzondering en stilte.

S
STIL ZIJN

Wie een tijdje in stilte wil deelnemen aan het gemeenschappelijke kloosterleven in de benedictijnenabdij is van harte welkom.

Bij de fototentoonstelling The Family of Man.

Om dat niet te verstoren zijn alleen de voorhof, de kloosterkerk en de crypte van de abdij – met een tentoonstelling over het kloosterleven – voor bezoekers opengesteld. Het in 1910 gebouwde klooster werd door de nazi's verwoest en de kerk raakte zwaar beschadigd. In het nieuwe godshuis valt het nadrukkelijk sober gehouden interieur op. Hoogtepunten zijn het hoofdaltaar met zinnebeelden van de vier evangeliën en het orgel, dat oorspronkelijk voor een kleine concertzaal in Parijs is gebouwd.
Tel. 92 10 27, www.abbaye-clervaux.lu, dag. 10-19 uur

Achter de abdij herinnert het **Klëppelkrichmonument** 2, een hoog stenen kruis, aan de opstand van de boeren van de Ösling tegen de Franse bezetter (1795-1798). Op het ene bronzen reliëf zijn de met knuppels (Lëtzebuergesch: klëppel), musketten en zeisen bewapende boeren afgebeeld en op het andere de weigering van schaapherder Michel Pint uit Asselborn om na de bloedig neergeslagen opstand voor het oorlogstribunaal zijn leven te redden met een leugen. 'Mir kennen net léien' ('Ik kan niet liegen'), zei hij tegen de rechter.

Stad van het beeld

Wie een bezoek brengt aan het witgeschilderde **kasteel Clerf** 3, de belangrijkste attractie van Clervaux, moet geen haast hebben, want in het oude complex zijn maar liefst drie interessante musea gevestigd: het Musée de Maquettes, het Musée de la Bataille des Ardennes en de beroemde The Family of Man, de 'grootste fototentoonstelling aller tijden' (▸ blz. 91), die op de Werelderfgoedlijst van de UNESCO staat en een belangrijke mijlpaal is in de geschiedenis van de fotografie.
Maar Clervaux, de *cité de l'image* (stad van het beeld), heeft op het gebied van fotografie nog wel wat meer in petto. Bij het toeristenbureau kun je een flyer halen waarmee je een rondwandeling kunt maken langs enorme vergrotingen van hedendaagse foto's die op verschillende locaties in het stadje zijn neergezet.
www.clervauximage.lu

Sacrale kunst van Piedbœuf

De in 1910-1911 in neoromaanse stijl gebouwde **Église Sts-Côme-et-Damien** 4 heeft twee torens met een piramidevormig dak en ronde torentjes ervoor. De voorgevel is versierd met een tafereel van de kruisiging van Christus. De kunstig van steen gemetselde altaren, kruiswegstaties en preekstoel zijn gemaakt door de uit Aken afkomstige beeldhouwer Lambert Piedboeuf.

Pareltje aan de rand

De **Loreto-kapel** 5 in het noorden van Clervaux is in 1762 gebouwd in het wildpark van graaf De Lannoy. De leistenen voorstelling van de Heilige Maagd, het met rankwerk verfraaide hekwerk bij de ingang, het prachtig beschilderde plafond en de zijden afbeelding van de Madonna van Loreto zijn een lust voor het oog.

ETEN, SHOPPEN, SLAPEN

Overnachten

Waar de molen ruist

Moulin d'Asselborn 1

Midden in de natuur gelegen hotel in de oude watermolen van Asselborn (circa 8 km van Clervaux), met knus ingerichte kamers in Zwitserse chaletstijl, een mooi terras in de tuin, een kinderspeelplaats, een overdekt zwembad, twee kleine musea en een kunstgalerie (▸ blz. 92). Ook fietsers zijn van harte welkom; zij kunnen hun vervoermiddel in een afsluitbare ruimte neerzetten.

Maison 158, Asselborn, tel. 99 86 16, www.hotelvieuxmoulin.lu, 2 pk vanaf € 84; uitstekend restaurant met lokale specialiteiten (wo.-ma. 12-14, 18.30-21 uur, hoofdgerecht vanaf € 12)

CLERVAUX (KLIERF)

Bezienswaardig
1 Benedictijnenabdij St-Maurice
2 Klëppelkrich-monument
3 Kasteel Clerf
4 Église Sts-Côme-et-Damien
5 Loreto-kapel

Overnachten
1 Moulin d'Asselborn
2 Auberge du Relais Postal
3 Hotel du Golf de Clervaux
4 Cornelyshaff
5 Camping Kohnenhof

Eten en drinken
1 Les Ecuries du Parc
2 The View

Sport en activiteiten
1 Vissen
2 Golf de Clervaux

Waar de postiljon sliep
Auberge du Relais Postal 2
Overnacht in het appartement van de postiljon, de kamer van de postmeester of de koninklijke suite in dit authentiek gerestaureerde poststation uit de 16e eeuw.
Maison 164, Asselborn, tel. 278 09 61, www.relaispostal.lu, 2 pk vanaf € 112

Sportief
Hotel du Golf de Clervaux 3
Mooi gelegen viersterrenhotel met uitzicht op de goed onderhouden golfbaan, midden in de Luxemburgse Ardennen. Acht mooie kamers, sauna, solarium, bar, groot terras en restaurant.
2, Mecherwee, Eselborn, tel. 92 93 95, www.golfclervaux.lu, 2 pk vanaf € 93, bij vroegtijdig reserveren 15 % korting

Eigen brouwerij
Cornelyshaff 4
De voormalige boerderij Cornelyshaff is tegenwoordig een hotel-restaurant met gezellige kamers dat door veel gasten als uitvalsbasis voor een wandeling wordt gebruikt. De keuze bestaat onder andere uit enkele interessante themawandelpaden in het beschermde natuurgebied Cornelysmilen bij Troisvierges en het klankwandelpad bij Hoscheid, waar je naar de klanken van zeventien klanksculpturen kunt luisteren (www.ardennes-lux.lu). Bij het hotel vind je ook de microbrouwerij Ourdaller, waarvan je de producten natuurlijk kunt uitproberen.
Haaptstrooss 83, Heinerscheid, tel. 921 74 51, 2 pk vanaf € 62, ontbijt € 8,50 p.p.; restaurant di.-zo. 8-1 uur, dagmenu € 12

Op safari
Camping Kohnenhof 5
Op safari? Nou ja, in elk geval overnacht je in een permanente en ruime safaritent met een groot tweepersoonsbed en een keuken. Vanaf het terras kun je over grensrivier Our heen Duitsland in kijken. Alternatieven zijn een comfortabel chalet of een camper.
Eisenbach, Kounenhaff 7, tel. 92 94 64, www.campingkohnenhof.lu, safaritent € 44-84

Eten en drinken

In de paardenstal
Les Ecuries du Parc 1
Dit authentieke, gezellige restaurant, dat in Clervaux ook wel de 'Pärdsställ' wordt genoemd, is gevestigd in de voormalige grafelijke paardenstallen. Er komen afwisselende, traditionele gerechten op tafel, met in het jachtseizoen wild uit de omliggende bossen.
4, rue du Parc, tel. 92 03 64, www.staell.lu, di.-do. 12-14, 18-21.30, vr./za. tot 22, zo. tot 21 uur, hoofdgerecht vanaf € 18

Eten met uitzicht
The View 2
In brasserie-bar The View van het Hotel du Golf de Clervaux eet je met prachtig uitzicht, of je nu vlak bij het panoramaraam zit op buiten op het terras. En het mooie is, je hoeft geen clublid te zijn.
2, Mecherwee, Eselborn, tel. 92 93 95, www.golfclervaux.lu, ma.-vr. 11.30-21.30, za./zo. tot 22 uur, salades vanaf € 9,50, grillgerechten vanaf € 16-28

Sport en activiteiten

Goeie vangst!
Vissen 1
Sportvissers kunnen terecht bij twee vijvers op camping Reilerweier. De uitrusting is ter plekke te huur. Wie een regenboogforel, zalmforel, karper, voorn, snoek of snoekbaars aan de haak heeft geslagen, kan die ter plekke bereiden en grillen op de barbecueplaatsen bij de vijvers, waar ook tafeltjes en banken staan.
Camping Reilerweier, Reuler, tel. 92 01 60, www.reilerweier.lu, half mrt.-okt. do.-zo. 7-19 uur, juli/aug. dag., vergunning voor een halve dag € 13-22, voor een hele dag € 17-35, kinderen goedkoper

Fore!
Golf de Clervaux 2
Deze golfbaan (6,2 km, 18 holes, par 72) ligt midden in de Ardennen. Op het complex vind je ook een trainingsbaan

13

Mensen, kastelen, Ardennenoffensief – **kasteel van Clervaux**

Een Amerikaanse tank op de binnenplaats, uniformen en militaria in het museum, een en al herinnering aan het Ardennenoffensief. Bovendien miniuitvoeringen op schaal van alle kastelen van het land. En het absolute hoogtepunt: The Family of Man, de beroemde fototentoonstelling. Allemaal in het kasteel van Clervaux.

Het **kasteel** 3 van Clervaux, waarvan de bouw in de 12e eeuw een aanvang nam, werd in 1944 door Duitse troepen in de as gelegd, maar is inmiddels tot in de puntjes gerestaureerd. Een Amerikaanse tank op de binnenplaats herinnert nog aan de oorlog. Tegenwoordig zijn hier de toeristeninformatie en drie musea gehuisvest.

Welk kasteel het mooiste van het land is? Dat kun je zelf bepalen in het **Musée de Maquettes**, aan de hand van de 22 gedetailleerde modellen. Het **Musée de la Bataille des Ardennes** ligt tot aan de nok toe vol met documenten, uniformen, foto's en oorlogsmaterieel die betrekking hebben op het Ardennenoffensief. Alleen al de uniformen nemen verschillende zalen in beslag. Als je nog niet weet wat de rode streep op de broek van de *dress blue* betekent, het uitgaansuniform van de Amerikaanse mariniers, dan kom je er hier achter.

H
HOGER SFEREN

Ook buitenaardse wezens kunnen een foto van de tentoonstelling *The Family of Man* bekijken: op de gouden langspeelplaat aan boord van ruimtesonde Voyager. Op de foto is de geboorte van de zoon van Edward Steichens assistent Wayne Miller te zien.

The Family of Man

De collectie voor de fototentoonstelling **The Family of Man** is opgebouwd door de Luxemburger Edward Steichen. In 1952 begon deze fotograaf en directeur fotografie van het New Yorkse Museum of Modern Art (MoMA) op 73-jarige leeftijd aan een enorm project. Hij reisde de wereld rond en vroeg fotografen hem foto's te sturen met slechts één thema: de mens. De respons was overweldigend, want hij ontving ruim twee miljoen foto's. Na jaren van schiften hadden Steichen en zijn assistent Wayne Miller gevonden waar ze naar op zoek waren geweest: 10.000

Het majestueuze kasteel van Clervaux.

foto's, waaruit ze 503 motieven van 273 fotografen uit 68 landen selecteerden, onder wie beroemdheden als Robert Capa, Henri Cartier-Bresson, Dorothea Lange, Robert Doisneau, August Sander en Ansel Adams.

Steichens nalatenschap

Steichen, die in twee wereldoorlogen oorlogsfotograaf was geweest, probeerde het menselijke van het bestaan door middel van de universele taal van de fotografie tot uitdrukking te brengen. Hij groepeerde de foto's rond 37 thema's, zoals liefde, familie, vreugde, werk, verdriet, eenzaamheid en de dood – elementen die de *family of man*, zoals de wereldgemeenschap door Abraham Lincoln werd genoemd, gemeen heeft.

In 1955 was het zover. De tentoonstelling ging in première in het MoMA en het succes overtrof de stoutste verwachtingen. Ruim negen miljoen mensen raakten in de ban van de expositie, die in de jaren daarna in kopievorm de wereld over trok, tot Moskou aan toe. Uiteindelijk droeg de Amerikaanse regering de foto's op verzoek van Steichen over aan zijn geboorteland Luxemburg. Tegenwoordig is Clervaux de enige plek waar alle originele foto's te zien zijn.

INFO EN OPENINGSTIJDEN

Musée de Maquettes des Châteaux et Châteaux forts de Luxembourg en Musée de la Bataille des Ardennes: www.clervaux.lu, mei-begin nov. di.-zo. 10-18, nov.-apr. za./zo. 10-18 uur, ma. gesl. behalve op feestdagen, per museum € 3,50, met korting 2,50 €, combiticket € 5/3.

The Family of Man: www.steichencollections.lu, mrt.-1 jan. wo.-zo., feestdagen 12-18 uur, € 6, met korting € 4, tot 21 jaar gratis.

Uitneembare kaart: D 3 | **Plattegrond:** ▸ blz. 88

Wandelen in het Naturpark Our.

met 3 holes (par 10) en een *practice* en een *putting green*. Verhuur van golfcarts, clubhuis met hotel, restaurant, bar en terras.

Mecherwee, Eselborn, tel. 92 93 95, www.golfclervaux.lu

INFORMATIE

Toeristenbureau: 11, Grand-Rue, tel. 92 00 72, www.destination-clervaux.lu, dag. mrt.-okt. 10-18, nov-feb. 10-15 uur.

IN DE OMGEVING

Waterdrager

Asselborn (Aasselburg) 🕮 C 2

Tijdens rondleidingen worden de raderen van de oude watermolen van Asselborn in het idyllische dal van de Eimes nog in werking gezet. In de gerenoveerde molen is een hotel met een uitstekend restaurant gevestigd (▸ blz. 88). In een **molenaars-** en een **molenmuseum** kun je zien hoe met waterkracht graan tot meel wordt gemalen. Een educatief pad bij de beek belicht de plaatselijke natuur (gratis beschrijving bij de receptie).

Musea: beide dag. wo.-ma. 10-12, 14-18 uur, toegang per museum € 3, met korting € 1,50, combiticket € 5, met korting € 2,50

Balans zoeken

Naturpark Our 🕮 D 4

In het 306 km^2 grote Naturpark Our heeft men zich ten doel gesteld om de natuur en de economische ontwikkeling in balans te brengen. In het Maison du Parc biedt een expositie (dag. 10-17 uur) informatie over deze onderneming.

Maison du Parc, 12, Parc, Hosingen, tel. 908 18 81, www.naturpark-our.lu

Boerderijtje spelen

Munshausen (Munzen) 🕮 D 3

Akkers ploegen met ardenners (paarden), zaaien, oogsten en dorsen zoals in vroeger tijden, koren malen in de oude watermolen, brood bakken in de steenoven, paarden beslaan, honing winnen in een honingslinger, kaarsen maken, in de zagerij boomstammen tot planken zagen: in het **openluchtmuseum A Robbesscheier** is het allemaal te zien. Voor kinderen is er een speciaal programma: een ritje op een ezel, een tochtje in een koets, dieren voeren, broodjes bakken en de bijenschool bezoeken. Op de *Dag vum Ardennerpäerd* (Dag van de ardenner, meestal in mei) laten de zachtaardige paarden zien wat ze in huis hebben. Voor eten en logies (gezinnen, groepen) is ook gezorgd.

1, Frummeschgaass, tel. 92 17 45-1, www.destination-clervaux.lu, winter dag. 10-17, zomer dag. 10-18 uur, tot € 12, afhankelijk van het programma

Plattelandsleven

Binsfeld (Bänzelt) D 2

Het **Musée Rural a Schiewesch** is gevestigd in een oude schapenhouderij en schetst in 21 liefdevol ingerichte ruimten, zoals een pronkkamer, een slaapkamer, een keuken, een schoenmakerij, een weefkamer, een schuur en een melkerij, een beeld van het 18e- en 19e-eeuwse plattelandsleven. In de koffiekamer is gebak verkrijgbaar, vers uit de oven.

8, Elwenterstrooss, tel. 97 98 20, www.museebinsfeld.lu, Pasen-Allerheiligen, dag. 14-18, laatste entree 17 uur, € 4

Kostbaar kleinood

Hachiville (Heizen) C 2

Het veelkleurige, laatgotische altaar in de **parochiekerk** met taferelen uit het leven van Jezus is een van de waardevolste religieuze kunstwerken van Luxemburg.

Hoog, hoger, hoogst

Huldange (Huldang) C 2

Bij de watertoren op de Buurgplaatz buiten Huldange staat op een bord dat dit het hoogste punt van Luxemburg is (558,35 m). Dat klopt niet helemaal, want de nabijgelegen Kneiff van 560 m is de hoogste 'berg' van Luxemburg

Geloof, hoop en liefde

Troisvierges (Elwen) C 2

De drie maagden Fides, Spes en Caritas (geloof, hoop en liefde), waarnaar de naam van de plaats verwijst, stierven in 168 een martelaarsdood. Lange tijd hielden pelgrims een bedevaart naar de gotische beeltenissen van de drie heilige zusters in de vroegere **kloosterkerk** van de franciscanen. Het prachtig bewerkte barokaltaar van de kerk is met grote olieverfschilderijen van leerlingen van Rubens verfraaid. Ook het park **Jardin à suivre** met de imposante kunstwerken is een bezoek waard (ingang bij camping Walensbongert). Hier begint ook het 13 km lange wandelpad **Sentier des Passeurs**. Via deze route zijn aan het einde van de Tweede Wereldoorlog vluchtelingen naar België gebracht.

Drielandenpunt

Weiswampach (Wäiswampech) D 2

Twee kunstmatige meren nodigen hier uit tot zwemmen, surfen, kanoën en vissen. Op het drielandenpunt aan de Our vormen zwerfstenen met bronzen panelen het **Monument van het Verenigde Europa** (Monument des Trois Frontières).

V VERGIPST

In de molens werd van oudsher niet alleen graan gemalen, maar ook hout voor de fabricage van papier, eikenschors voor het looien van leer en houtskool voor het maken van buskruit. En soms zelfs gips: toen in 1821 nieuwe belastingen molenaars dreigden te ruïneren, ging het meel plotsklaps in kwaliteit achteruit en troffen gendarmes bij een van de molenaars ongewoon veel gips in het meel aan. Voor de rechtbank bestreed de aangeklaagde nadrukkelijk dat hij zijn meel met dat ingrediënt had aangelengd. Wel gaf hij toe dat hij al enige tijd een heiligenbeeld miste dat in een nis bij het maalwerk had gestaan. Mogelijk was dat in een onbewaakt ogenblik tussen de molenstenen gekomen …

Het Moezeldal

Het met een mild klimaat gezegende Moezeldal met idyllische wijndorpjes en mooie promenades nodigt uit tot wandelen en lekker eten. En natuurlijk tot een boottocht op de rivier. Wijnmusea bieden inzicht in de regionale wijngeschiedenis en in de herfst rijgen de wijnfeesten zich aaneen. Toch heeft 'la Moselle' nog veel meer te bieden. Zo heeft Mondorf-les-Bains behalve een casino ook uitstekende wellnessfaciliteiten dankzij bronnen met mineraalhoudend water.

Mondorf-les-Bains (Munneref)

F 10

In 1846 stuitte men tijdens een zoektocht naar onderaardse zoutlagen bij toeval op zwavelhoudende warmwaterbronnen. Zo werd het kleine Mondorf een populair kuuroord, het enige in het Groothertogdom. In navolging van beroemdheden als componist Maurice Ravel, pianist Arthur Rubinstein en schrijver Victor Hugo kan ook jij hier verkwikkende behandelingen ondergaan en in de prachtige parken flaneren.

BEZIENSWAARDIGHEDEN

Mooiste muis van Luxemburg

Een van de weinige bezienswaardigheden in Mondorf-les-Bains is de **Église Saint-Michel** (Rue St-Michel), een fraaie rococokerk (1764-1766) met schitterende muurschilderingen en een stijvol vormgegeven piëta. Tegenover de kerk staat een mooie stenen **kruisigingsgroep** uit circa 1730 en op Place de l'Indépendance vind je nog een grappige fontein met 'D'Maus Ketti', de hoofdrolspeler in een verhaal van de uit Mondorf afkomstige dichter Auguste Liesch.

Uitnodigende bankjes in Mondorf-les-Bains.

Wellness en fitness

Het **Domaine Thermal** (Avenue des Bains, tel. 23 66 66 66, www.mondorf.lu) biedt kuur-, wellness-, fitness- en sportfaciliteiten, en bovendien een viersterrenhotel. Het ligt in een 36 ha groot kuurpark met tal van sculpturen, een botanische tuin, een filmzaal in het oude waterhuis en een klein **luchtvaartmuseum** (wo., za., zo. 14-18 uur). De moderne baden worden gevoed door de mineraalhoudende Michel Luciusbron. Tot het omvangrijke aanbod van het voor iedereen toegankelijke, 1800 m² grote fitnesscentrum behoren onder andere personal training, indoor cycling en training op de *power plate* (ma.-do. 9-22, vr. tot 23, za. tot 21, zo. tot 20 uur, thermaalbaden vanaf 8 uur, kijk voor de prijzen van het gebruik van de fitness- en welnessfaciliteiten op de website).

ETEN, SLAPEN, SPELEN

Rust en comfort

Villa Welcome

Aangenaam hotel in de buurt van het kuurcentrum, waar de gasten toegang hebben tot de zeer uitgebreide wellness- en sportfaciliteiten, zoals een thermaalbad, sauna's, een grote fitnessruimte, sportcursussen en nog veel meer.

Domaine Thermal, rue Docteur Feltgen, tel. 23 66 66 66, www.mondorf.lu, 2 pk € 119

Wellness in het klooster

Hotel Am Klouschter

Je hoeft niet bang te zijn dat je in dit voormalige klooster in een cel moet overnachten, want het boetiekhotel biedt moderne kamers met een eigen badkamer. Gasten kunnen gratis gebruikmaken van de fitness- en wellnessfaciliteiten (met whirlpool en sauna).

8, avenue Marie-Adelaïde, 2 pk vanaf ca. € 140

Mediterraan

Dolce Vita

Restaurant met een vleugje art deco. Pizza's, pasta's en verse salades, maar ook paardensteak. In de zomer kun je op het terras in de tuin plaatsnemen.

4, avenue du Docteur Klein, tel. 23 66 80 73, www.dolcevita.lu, dag. 12-14, 18-23 uur, hoofdgerecht vanaf ca. € 19, pizza vanaf € 9

Chic

De Jangeli

Franse gastronomische gerechten en uitstekende wijnen in een moderne, maar toch intieme en gezellige ambiance. Een aanrader is de gerookte zwaardvis.

Avenue des Bains (in het Parc Hôtel), tel. 23 66 65 25, www.dejangeli.lu, wo.-zo. 19-21.30 uur, vr., zo. ook lunch, hoofdgerecht circa € 30

Voor de kleine trek

Maus Kätti

Gezellige bistro in de oude thermen waar grillgerechten en snacks op tafel komen. Voor de lunch kun je kiezen voor een smakelijke dagschotel.

Avenue des Bains (in het Parc Hôtel), tel. 23 66 66 66, www.mondorf.lu, dag. 10.30-20.30, vr. tot 21, za. tot 21.30 uur, bistrolunch € 12,50-20,50

Rien ne va plus

Casino 2000

Natuurlijk kun je hier je geluk beproeven met de bekende kansspelen, maar er worden ook shows en optredens verzorgd door uitstekende internationale artiesten. Voor een hapje eten ga je naar het sterrenrestaurant **Les Roses** (do.-zo. 12-14, do.-ma. 19-21 uur), het buffetrestaurant **Le Manège** (dag. vanaf 19 uur) of het restaurant **Purple Lounge** (dag. 12-24, vr./za. tot 4 uur).

Rue Th. Flammang, tel. 23 61 12 13, www.casino2000.lu, speelzaal dag. vanaf 19, zo. vanaf 16 uur, speelautomaten dag. vanaf 10 uur

Informatie

Syndicat d'Initiative: 26, avenue des Bains, tel. 23 66 75 75, www.mondorf.info, di.-za. 9-12, 13-18, apr.-okt. ook zo. 14.30-18.30 uur.

Schengen G 11

Dit mooie Moezeldorp staat sinds de ondertekening van het Verdrag van Schengen in 1985 symbool voor een Europa zonder grenzen. De wijngaarden in het dorp zijn uitermate gunstig gelegen en produceren moezelwijnen die tot de beste in hun soort behoren. Vanaf de nabijgelegen Stromberg heb je een fantastisch uitzicht over de Schengener Eck, het drielandenpunt. De Romeinen zouden met stenen van deze heuvel de Porta Nigra in Trier hebben gebouwd.

Europa zonder grenzen

Bij de naam Schengen zullen veel mensen onmiddellijk denken aan het in 1985 ondertekende Verdrag van Schengen voor de afschaffing van de grenscontroles aan de Europese binnengrenzen. Beneden bij de rivier, op slechts een paar meter van de grenzen van Luxemburg, Frankrijk en Duitsland die hier midden in de Moezel bij elkaar komen, wordt op tal van manieren aan die gebeurtenis herinnerd. Het **Musée Européen** in het **Centre Européen** (Rue Robert Goebbels, dag. 10-18, 2 nov-Pasen tot 17 uur, toegang gratis) – op het kleine ponton op de Moezel voor het Centre is overigens het toeristenbureau gevestigd – is een permanente tentoonstelling te zien over het Verdrag van Schengen en Europa. Bovendien is er een informatiepunt over de EU gevestigd. Langs de oever staan **delen van de Berlijnse Muur**, de drie sterrenzuilen **Colonnes des Nations** en het **Monument de l'Accord.** Andere bezienswaardigheden in Schengen zijn de **paviljoens** op de promenade

14

Luxemburgs wijngebied– **Route du Vin**

Idyllische wijndorpen, oeverpromenades, wijngaarden, wijnhuizen, wijnmusea en natuurlijk proeverijen – de Luxemburgse wijnroute slingert van Schengen door het prachtige Moezellandschap naar Wasserbillig.

T
TEKENING

Nadat **Victor Hugo** in 1871 in het kasteel van Schengen had overnacht, maakte hij een tekening van de oude kasteeltoren – met koffiedik rond een koffievlek!

Aan het begin van de *Wäistrooss* (de Route du Vin) ligt **Schengen** 1, dat ondanks zijn grote bekendheid een dromerig wijndorp is gebleven. **Remerschen** 2, dat bekendstaat om zijn uitstekende pinots blancs, wordt gedomineerd door een barokkerk met een weertoren. Binnen kun je muurschilderingen van Ignaz Millim bewonderen. Het proeflokaal van **Caves du Sud** is in de vorm van een oud Romeins schip gebouwd.

Met aan je linkerhand de wijngaarden en aan je rechterhand de Moezel gaat het verder naar **Schwebsange** 3. Tijdens het wijnfeest op de eerste zondag van september spuit de dorpsfontein wijn in plaats van water. In de dorpsstraat staat een eeuwenoude wijnpers en op het kerkhof een Gallo-Romeinse sarcofaag.

In het **wijnmuseum A Possen** (2, Keeseschgässel, www.musee-possen.lu) in **Bech-Kleinmacher** 4 kom je van alles te weten over de werkwijze van de wijnboeren. In het gezellige restaurant worden plaatselijke specialiteiten en natuurlijk wijn geserveerd. Het idyllische wijndorp **Wellenstein** 5 staat bekend om de ruländer en traminer. In de **kelders van de wijnbouwcoöperatie** (Caves de Wellenstein) kan wijn worden geproefd.

Perfecte combinatie: friture *met een elbling.*

Friture

Op de met bomen omzoomde Esplanade aan de Moezel in **Remich** 6 kun je een aangename wandeling maken of op het terras van een van de restaurants van *friture* (gefrituurde Moezelvisjes) genieten. De grote attractie van **Stadtbredimus** 7 is het kasteel uit het begin van de 17e eeuw. Tegenwoordig is hier onder andere **proeflokaal La Tourelle** gevestigd. De hoge zuilen en de trechtervormige dakconstructie van het moderne gebouw van **Domaine Cep d'Or** bij **Hëttermillen** 8 vallen niet over het hoofd te zien. In de **vinotheek** met wijnbar kun je zonder reservering wijn proeven.

In **Ehnen** 9 staat de enige ronde kerk van Luxemburg te midden van bochtige straatjes met oude huizen. In een statige boerderij is een **wijnmuseum** (115, route du vin, www.entente-moselle.lu) gevestigd, waar oud gereedschap een beeld geeft van het werk van wijnboeren in vroeger tijden. Ook vind je hier een oud ijkkantoor, een kuiperij, een wijnkelder en een demonstratiewijngaard.

INFORMATIE OVER WIJNPROEVERIJEN
http://vins-cremants.lu, www.vinsmoselle.lu.

Wijnbouw

In **Wormeldange** 10 ligt een educatief pad over de wijnbouw, dat begint bij de wijnkelders van de wijnbouwcoöperatie, waar ook een beschrijving verkrijgbaar is (115, route du Vin). Op de hoogste wijngaard van het dorp, Koeppchen, staat de Sint-Donatuskapel als symbool voor dit wijnbouwgebied.

Grevenmacher 11 heeft een aantrekkelijke binnenstad met smalle straatjes en liefdevol gerestaureerde huizen. Hier kun je de **wijnkelders van de coöperatie** en **Sektkellerei Bernard-Massard** bezichtigen. Op het educatieve pad **Kelsbaach** (rondwandeling, 4 km) kom je meer te weten over de natuur, verdwenen molens, mijnen en de wijnbouw. Het begint op de parkeerplaats bij het kerkhof in Grevenmacher.

Wasserbillig 12 gaat terug tot de 1e eeuw, toen Romeinse legionairs bij de monding van de Sûre een fort bouwden. Een bezienswaardigheid is de barokke **parochiekerk** met een altaar uit 1748, dat afkomstig is uit de abdij Bernkastel aan de Moezel in Duitsland.

Uitneembare kaart: G 11–H 7 | Dagtocht met de auto: ca. 42 km

Kijkje op Schengen vanuit een wijngaard in het Duitse Perl.

en de 13e-eeuwse **kasteeltoren** in de plaats zelf.

Kleine gerechtjes
An der aler Schwemm

Bistro in het Centre Européen, waar je onder andere broodjes ham en *kochkéiseschmier* (een Luxemburgse specialiteit) kunt krijgen.

6, rue Robert Goebbels, tel. 26 66 57 39, dag. 10-22 uur, vanaf ca. € 3,50

Puur genieten
Domain Henri Ruppert

Een glaasje wijn met een paar blokjes kaas of een *Flammkuchen*, maar dan wel met uitzicht op het Moezeldal.

1, Um Markusbierg, tel. 26 66 55 66, www.domaine-ruppert.lu, wo.-zo. 15-21 uur

INFORMATIE

Toeristenbureau: 6, rue Robert Goebbels (Ponton), tel. 26 66 58 10, www.visitschengen.lu, dag. 10-18, nov.-mrt. tot 17 uur.

Remerschen G 11

Dit wijndorpje met 680 inwoners ligt op enige afstand van de Moezel tussen de wijngaarden en staat vooral bekend om de uitstekende pinots blancs.

Oude en nieuwe architectuur
De romaanse klokkentoren van de **dorpskerk** (1766) diende vroeger ook als wacht- en weertoren. Het koor pronkt met waardevolle muurschilderingen van de Moravische schilder Ignaz Millim, die in 1908 onder een verflaag werden teruggevonden. Een groot contrast met de kerk vormt het ultramoderne gebouw van de **Valentiny Foundation** (34, route du Vin, di.-zo. 14-18 uur, toegang gratis), een ontwerp van de uit Remerschen afkomstige architect François Valentiny. Binnen vind je tal van zijn werken, zoals tekeningen, schetsen en sculpturen. Zijn architectenkantoor is ook verantwoordelijk voor de jeugdherberg, de school en het Biodiversum in Remerschen en voor het Centre Européen en het ervoor gelegen ponton in Schengen.

Idyllisch
Haff Réimech

Dit idyllische beschermde natuurgebied rondom een klein merenplateau nodigt uit tot wandelen. Vanuit observatiehutten kunnen zeldzame vogels worden bekeken. Ook staat hier een **Romeins grafmonument** (▶ blz. 102). Op een kunstmatig eilandje belicht het **natuurbeschermingscentrum Biodiversum** de onderwaterwereld. Bovendien worden andere beschermde natuurgebieden in Luxemburg voorgesteld en gaat men in op het thema duurzaamheid. Alleen al het futuristische houten gebouw van François Valentiny is de moeite van een bezoek waard.

5, Breicherwee, tel. 23 60 90 61 24, www.biodiversum.lu, di.-zo. 10-17 uur

Lunchen aan het water
Le Chalet
Mooi gelegen tussen meren, met een terras met uitzicht op het water. Pizza's en pasta's, Luxemburgse specialiteiten en meer.
Breicherwee, tel. 26 66 51 91, www.lechalet.lu, ma. gesl., dagmenu € 12,50-16

Een glaasje wijn
Caves du Sud
Het proeflokaal heeft de gedaante van een Romeins schip.
32, route du Vin, tel. 23 66 48 26, di.-za. 10-20, zo. tot 21 uur

INFORMATIE & EVENEMENTEN

Toeristenbureau: in Schengen, ▸ blz. 100.
Proufdag: 1 mei. Wijnfeest waarbij de nieuwe wijnen worden voorgesteld en geproefd.

Schwebsange (Schwéidsbéng)

G 10

Een middeleeuwse wijnpers, een Gallo-Romeinse sarcofaag, reusachtige wijnvaten en een fontein die verfraaid is met kinderfiguren en afbeeldingen van druiven – dit gezellige wijnbouwdorpje doet aan als een openluchtmuseum.

Mediterraan
Le Bistrot Italien
Modern klassiek interieur, mooi terras en op de wijnkaart prijken moezel- en Italiaanse wijnen.
53, route du Vin, tel. 26 66 59 49, http://bistrotitalien.lu, do.-ma., 12-15, 19-23 uur, pizza vanaf € 10, dagmenu € 14

Brasserie aan de jachthaven
Port-House
Licht en informeel ingericht. Doordeweeks jägerschnitzel, carpaccio, spaghetti en dergelijke, op zaterdag en zondag ook wel vleesspiezen, kabeljauw of gnocchi. Terras aan de jachthaven.
1, Am Hafen, tel. 23 66 44 60, www.camping-port.lu, apr.-okt. dag. 10-20 uur, ontbijt vanaf € 6, dagschotel vanaf € 8,50

EVENEMENTEN

Wäifescht: eerste zondag van september. Wijnfeest waarbij uit de dorpsfontein wijn in plaats van water komt.

IN DE OMGEVING

Pareltjes aan de Moezel
Bech-Kleinmacher (Bech-Maacher) G 10) telt slechts 480 inwoners, maar heeft een groot museum: het **Musée folklorique et viticole A Possen** (▸ blz. 98). Het dorpje is bovendien een goede uitvalsbasis voor de fietsroute Velo Romanum, (▸ blz. 102). **Wellenstein** (Wellesteen, G 10) heeft met het schilderachtige dorpsplein en stijlvolle wijnbouwershuizen zijn dorpskarakter weten te behouden. Eind juli is het hier kermis.

Remich (Réimech)

G 10

Het stadje Remich is ontstaan uit de Romeinse nederzetting Remacum. Het is herhaaldelijk verwoest, waardoor nog maar enkele straatjes iets van de oorspronkelijke charme ademen.

Te land en op het water
Een van de weinige overblijfselen in het middeleeuwse stadje is de Porte St-Nicolas, met achter glas beeldjes van de heilige Nicolaas en de drie kinderen in de vleeskuip. Achter de poort liggen stille steegjes. Aan de met bomen omzoomde promenade langs de Moezel en op de kades in de buurt van de brug bieden tal van restaurants

15

Op het stalen ros de oudheid in – **Velo Romanum**

Meer dan vijfhonderd jaar verbleven de Romeinen in Luxemburg. Ze bouwden er graftempels, villa's, thermen en theaters, en introduceerden er zelfs de wijnbouw. De fietsroute Velo Romanum voert je langs tal van overblijfselen uit die periode.

Tweeënhalve ton weegt de steen die in **Bech-Kleinmacher** 1 werd gevonden. Deskundigen zagen in één oogopslag dat het hier niet om een gewone steen ging, maar om die van een Romeinse druivenpers, en nog een grote ook. De wijnmakerij waar hij ooit werd gebruikt, maakte deel uit van een Romeinse villa die kennelijk halverwege de 4e eeuw door brand was verwoest. De steen staat in het park naast het gemeentehuis, dat je via de parkeerplaats kunt bereiken. Dit is ook meteen het startpunt van deze fietstocht.

Tussen de wijngaarden boven dit wijndorp ligt bovendien een omstreeks 300 n.Chr. gebouwde **grafkamer**, waarboven vermoedelijk een Romeinse tempel heeft gestaan. Hiervan heeft men een reconstructie gemaakt. Je vindt de grafkamer door vanaf de kerk de Route du Vin te nemen en bij de kruising met Rue du Caves rechtsaf heuvelopwaarts te fietsen.

Volg hierna de fietsroute Velo Romanum langs de Moezel naar de **begraafplaats** van **Schwebsange** 2, waar bij de ingang een **laat-Romeinse stenen sarcofaag** staat. In het lijkenhuis bevindt zich nog de grafsteen met reliëf die bij de sarcofaag hoorde.

In natuurgebied **Haff Réimech** bij **Remerschen** stuit je op de overblijfselen van een monumentaal **Romeins grafmonument** 3, dat op het Romeinse wijngoed 'op Mecheren' stond. Alleen grote wijnboeren of rijke wijnhandelaars konden zich destijds een dergelijk imposant monument veroorloven.

H
HONING-WIJN

De Romeinen boden reizigers vaak een bekertje *conditum paradoxum* aan, gekruide honingwijn. Het recept vind je in het Romeinse kookboek **De re coquinaria** van Apicius.

De Kräizbierg op

Als je Remerschen eenmaal achter je hebt gelaten, staat je een steile klim van ongeveer een halve kilometer de Kräizbierg op te wachten. De beloning volgt op de top, want het uitzicht is prachtig.

De volgende bestemming is **Dalheim** 4. In het zuiden van dit plaatsje ligt aan de N13 het ruim 30 ha grote terrein met ruïnes van het Romeinse **Vicus Ricciacus**. Deze nederzetting bood in de 2e-3e eeuw de aanblik van een Romeinse stad in het Middellandse Zeegebied, met straten in schaakbordpatroon, theaters, thermen, winkels, werkplaatsen en een wijk met heiligdommen. Bij opgravingen zijn hier 24.000 Romeinse munten en beelden van de goden Jupiter en Minerva gevonden, die tegenwoordig worden tentoongesteld in het Louvre in Parijs. Van de ooit belangrijke Romeinse nederzetting resteren alleen de overblijfselen van enkele huizen. Via de Neie Wee (Nieuwe Weg) kom je bij een imposant Gallo-Romeins theater met stenen zitrijen.

Over het tracé van de voormalige Jangelis Bunn, waar tegenwoordig een **fietspad** loopt, kun je via Elangen (Ellange) en de Scheierbierg terugfietsen naar **Bech-Kleinmacher**. Onderweg heb je zo nu en dan mooi uitzicht over de omgeving.

Fietsers op de Velo Romanum.

INFORMATIE

Lengte: 36 km. Grote delen van de route zijn bewegwijzerd met de bordjes 'Velo Romanum'. Een brochure en routekaart zijn verkrijgbaar bij de plaatselijke toeristenbureaus. Kijk ook op http://velo-sans-frontieres.eu.

ETEN EN DRINKEN

Het knusse **restaurant van het folklore- en wijnmuseum A Possen** in Bech-Kleinmacher 1 (1, rue Aloyse Sandt, www.musee-possen.lu) is van Pasen tot okt. di.-zo. 11-23 uur geopend.

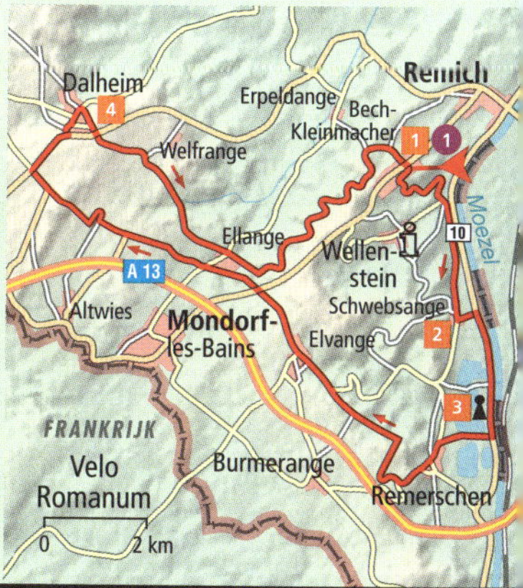

Uitneembare kaart: F/G 10/11

Luxemburgse specialiteiten aan, zoals *friture* (gefrituurde Moezelvisjes) en gebakken snoek). Veel bezoekers maken een **rondvaart over de Moezel** met de *Princesse Marie-Astrid* (Entente Touristique de la Moselle, tel. 75 82 75, www.entente-moselle.lu) of met een van de boten van Navitours (Remich, tel. 75 84 89, www.navitours.lu).

Omgeven door wijnstokken

Hotel des Vignes

Charmant hotel te midden van wijngaarden en met een panoramisch uitzicht op het dal van de Moezel. Er zijn 24 comfortabele kamers, waarvan vijftien met een eigen terras. In het restaurant worden Franse en regionale gerechten geserveerd (menu vanaf € 18).

29, route de Mondorf, tel. 23 69 91 49, www.hotel-vignes.lu, 2 pk vanaf € 130

Aan de Moezel

Pavillon Saint Martin

Lekkere vis- en vleesgerechten en een mooi terras met uitzicht op de Moezel.

53, route de Stadtbredimus, tel. 23 66 91 02, dag. 12-15, 18-21 uur, menu vanaf € 26

INFORMATIE

Syndicat d'Initiative: 4, rue Enz, tel. 23 69 84 88, www.si-remich.lu, half mei-juni do.-zo. 10-17, juli/aug. dag. 10-18 uur.

Stadtbredimus (Briedemes) G 10

In de Romeinse tijd liep de doorgaande weg Metz-Dalheim hier via een brug in de richting van Trier. In het 15e-eeuwse kasteel heeft ooit de Luxemburgse dichter Edmond de la Fontaine gewoond, die burgemeester van de plaats was en een eigen wijngaard had. Zijn graf ligt bij de kerk.

Voorjaarsmoeheid? Geen sprake van. Iedereen is op de been als Remich de lente begroet.

Wijn en moezelvis

Het **kasteel** is tegenwoordig de zetel van zowel de Domaines Vinsmoselle als het-wijnbroederschap Cunibert. In **restaurant An der Tourelle** ernaast komen in een moderne ambiance en onder een fascinerende houten koepel lekkernijen uit de Luxemburgs-Franse keuken op tafel.

12, Wäistrooss, tel. 23 69 85 11, www.tourelle.lu, do.-ma. 11.30-14, 18-21 uur

Mini-Spa

Hotel de l'Ecluse

Designhotel waarvan alle kamers en suites een eigen terras hebben en uitzicht bieden op de natuur. Je kunt ook gebruikmaken van het wellnesscentrum, met een Finse sauna, een biosauna en een fitnessruimte.

29, route du vin, tel. 23 61 91 91, www.hotel-ecluse.lu, 2 pk vanaf € 125

EVENEMENTEN

Leiffraweschdag (Liebfrauenkrauttag): 15. aug., Greiveldange. Ambachten en spelletjes van weleer. Folklore in het hele dorp.

Picadilly: in het tweede weekend van augustus vindt in Stadtbredimus het grootste wijnfeest van het Groothertogdom Luxemburg plaats (www.picadilly.lu).

IN DE OMGEVING

Historische wandeling

Ehnen (Èinen) G 10

Dit dorpje (500 inwoners) behoort tot de mooiste wijndorpen aan de Luxemburgse Moezel. Een wandeling door Ehnen voert onder andere naar het mooie **patriciërshuis Wellenstein** uit 1623, waar ook een **wijnmuseum** (115, route du Vin) is gevestigd, het **huis A Champans** uit 1592 en de bijzondere **ronde kerk** uit 1826. In het wijnmuseum is een beschrijving van deze historische wandeling verkrijgbaar.

Wormeldange (Wuermeldéng)

G 9

In dit 'rieslingstadje' wordt het beeld bepaald door keienstraatjes en schilderachtige gevels met barokke versieringen.

Een hele klim

Op de top van het Koeppchen troont de al van verre zichtbare **Sint-Donatuskapel**, die aan de beschermheilige van de wijnbouw is gewijd. Vanaf hier heb je een panoramisch uitzicht over het dal van de Moezel.

Mousserende wijn en dans

Caves des Crémants Poll Fabaire

In dit wijnhuis is de specialiteit crémant 'met een krachtig mineraliteit, een verfijnde gronderigheid, een lange afdronk en een mooi zuurtje'. Op zondagen vanaf 16 uur is er een 'vin dansant' in de *Wäistuff*: een combinatie van wijn proeven en dansen op livemuziek.

115, route du Vin, tel. 76 82 11, mei-okt. bezichtiging en wijnproeverij ma.-vr. 8-20, za./zo. 9-21 uur

EVENEMENTEN

Riesling Open: in het derde weekend van september wordt in Ehnen, Wormeldange, Ahn en Machtum drie dagen lang feest gevierd, gedronken, gedanst en een nieuwe Rieslingkoningin gekroond.

IN DE OMGEVING

Wijn en orchideeën

Ahn (Ohn) G 10

De omgeving van dit wijndorpje met de wijngaarden **Hohfels** en **Palmberg** leent zich uitstekend voor wandelingen met prachtig uitzicht op het Moezeldal. Op de Palmberg tref je een ongebruikelijke **flora**: naast beuken groeit hier een tiental beschermde orchideeënsoorten, die verder vrijwel alleen rond de Middellandse Zee te vinden zijn.

Grevenmacher (Gréiwemaacher)

H 8

Grevenmacher (4750 inwoners), het centrum van de Luxemburgse wijnbouw, gaat terug tot de Gallo-Romeinse tijd. Van de middeleeuwse vesting is alleen nog een wachttoren bewaard gebleven, die nu dienstdoet als toren van de parochiekerk. De oude stadskern, met smalle steegjes en zorgvuldig gerestaureerde huizen, is een lust voor het oog.

Een oude vesting en meer

In Grevenmacher kun je een cultuurhistorische rondwandeling maken (brochure bij het toeristenbureau). Je komt dan onder andere langs de overblijfselen van de vesting, zoals de vestingtoren van de kerk, de vestingpoort Trierer Pforte en de *Huelen Zant* (holle kies), een hoektoren van de vesting, en de hoog boven het stadje op de Kräizerbierg gelegen kruiskapel, waar een steile kruisweg met indrukwekkend statiën naartoe loopt.

Meer over de wijnbouw

Wijnbouw en natuurbescherming? Dat gaat heel goed samen, zoals je op het **educatieve pad Kelsbaach – Wein & Natur** zult ervaren. Tijdens deze rondwandeling kom je van alles te weten over de natuur, de geschiedenis en de wijn van deze streek. Vervolgens kun je in de plaats zelf nog twee grote wijnhuizen bezichtigen: Caves Coopératives des Vignerons de Grevenmacher en Sektkellerei Bernard-Massard.

Fladderende diertjes

Jardin des Papillons

In de 600 m² grote, tropisch-vochtige *päiperleksgaart* (vlindertuin) fladderen honderden kleurrijke vlinders rond, maar er zijn ook dwergkwartels, kameleons, schildpadden en enkele bonte vogels. Wie trek heeft, kan terecht in de brasserie.

Route de Trèves, Grevenmacher, tel. 75 85 39, www.papillons.lu, apr.-okt. dag. 9.30-17 uur, € 8, met korting vanaf € 4

Terug naar de Romeinse tijd

Op de Grevenmacherberg, 4 km ten zuidwesten van het stadje, hebben archeologen de resten van een **Romeins grafcomplex** (het 'Monument Romain') uit de 2e eeuw blootgelegd. Van enkele van de vele opgegraven beelden zijn replica's gemaakt, die op een gereconstrueerde muur bij het complex worden tentoongesteld.

Historische boot

M.S. Princesse Marie-Astrid

Glimmende leuningen van messing, wapenschilden, een grote windroos op het parket, het voorbijglijdende Moezellandschap: tijdens een tochtje over de Moezel kun je eten in het luxueus ingerichte ruim van dit passagiersschip waar Europese geschiedenis werd geschreven – hier werd namelijk het Verdrag van Schengen ondertekend.

10, route du Vin, tel. 75 82 75, www.entente-moselle.lu, Pasen-sept. dag. behalve ma., hoofdgerecht vanaf ca. € 19

Plan B

Nitteler Hof

Nog geen onderdak gevonden? Misschien is er nog een kamer beschikbaar in dit charmante hotel in een gerenoveerde wijnboerderij uit het begin van de 19e eeuw, aan de andere kant van de Moezel. Wellnesscentrum en restaurant.

Weinstr. 42, D-54453 Nittel, tel. (+49) 6584 993 60, www.hotelnittelerhof.eu, 2 pk vanaf € 92

INFORMATIE & EVENEMENTEN

Syndicat d'Initiative: 10, route du vin, tel. 75 82 75, www.grevenmacher.lu, ma.-vr. 8-17, half mei-aug. ook za. 10-15 uur.

In de vlindertuin van Grevenmacher valt genoeg te ontdekken.

Maacher Wäimoart: de vrijdag na Pasen gaan wijnliefhebbers naar de wijnmarkt in Grevenmacher om hun voorraad aan te vullen.
Fête du Raisin et du Vin: drie dagen in sept. Traditioneel wijnfeest met een optocht, muziek, vuurwerk en de verkiezing van de wijnkoningin (www.grevenmacher.org).

Wasserbillig (Waaserbëlleg)

H 7

Het 'billig' in de naam van deze plaats betekent niet 'goedkoop', maar is afgeleid van Biliacum. Zo heette de Romeinse nederzetting die hier in de 1e eeuw aan de monding van de Sûre in de Moezel werd gesticht. Wel goedkoop is hier de benzine en dus staan er tussen Wasserbillig en Mertert een stuk of vijftien tankstations.

Piranha's achter glas

Aquarium

In de vijftien bassins zwemmen alle vissoorten die in de Moezel, de Sûre, de Our en veel andere rivieren voorkomen, zelfs piranha's.

Promenade de la Sûre, tel. 26 74 02 37, http://aquarium.wasserbillig.lu, Pasen-sept. dag. 10-18, anders alleen vr.-zo. 10-17 uur, € 3, met korting € 1,50

Op zonne-energie

Ruim vijftig jaar lang tufte de **autoveerboot Sankta Maria** tussen Wasserbillig en Oberbillig, waarna hij werd vervangen door de eerste autoveerboot op binnenwateren ter wereld die volledig elektrisch is en op zonne-energie vaart.

INFORMATIE

Toeristenbureau: Moselstr. 1, D-54308 Langsur/Wasserbilligerbrück, tel. (+49) 6501 60 26 66, www.lux-trier.info, nov.-mrt. ma.-vr. 11-16, apr.-okt. ma.-vr. 9-17, za., feestdagen 10-14 uur.

Reisinformatie

AANKOMST

Met het vliegtuig
KLM vliegt rechtstreeks van Schiphol naar de luchthaven Luxembourg-Findel (www.lux-airport.lu), circa 10 km buiten de hoofdstad. Vanuit Brussel gaan er geen rechtstreekse vluchten naar Luxemburg. De Luxemburgse luchtvaartmaatschappij is Luxair (tel. +352 24 56-1, www.luxair.lu).
Tussen de luchthaven en de stad rijdt Eurobus nr. 16 (reistijd circa 25 minuten; haltes: centraal station, centrum, Kirchberg; dienstregeling: www.lux-airport.lu).

Met de trein
Nederland heeft geen rechtstreekse treinverbinding met Luxemburg. Vanuit Amsterdam reis je via Brussel, vanuit Maastricht via Luik. België is rechtstreeks met Luxemburg verbonden vanuit Brussel en Namen. Inlichtingen: www.nsinternational.nl of www.b-rail.be. In Luxemburg rijden regionale treinen naar de meeste grotere plaatsen. **Fietsen** kunnen vrijwel altijd worden meegenomen, en nog gratis ook.

Met de auto
De afstand Utrecht-Luxemburg-stad is ongeveer 375 km. Vanuit het westen van Nederland rijd je het snelst via de route Breda-Antwerpen-Brussel, vanuit het oosten ligt de route via Maastricht, Luik en Bastogne voor de hand. Wie genoeg tijd heeft, kan bij Eupen, in België, de snelweg verlaten en via Malmédy en St. Vith door de mooie Hautes Fagnes (Hoge Venen) en de Ardennen naar Luxemburg rijden.

DOUANE

Reisdocumenten
Voor Nederlanders en Belgen is een geldig paspoort of geldige identiteitskaart verplicht. Kinderen moeten een eigen reisdocument hebben. Wie een hond of kat mee wil nemen op vakantie, moet er rekening mee houden dat voor elk huisdier een Europees dierenpaspoort verplicht is. Ook moeten honden en katten door een goed leesbare tatoeage of microchip te identificeren zijn en bovendien moet je een bewijs van inenting tegen rabiës kunnen overleggen.

Douanebepalingen
Producten die bestemd zijn voor persoonlijk gebruik kun je als EU-burger belastingvrij meenemen. Wel zijn er voor bepaalde producten maximale hoeveelheden van toepassing, zoals 800 sigaretten, 90 liter wijn en 10 liter sterkedrank. Kijk voor een volledig overzicht bij de landeninformatie op de website van de ANWB.

DUURZAAM REIZEN

Het milieu beschermen, de lokale economie bevorderen, intensieve ontmoetingen mogelijk maken, van elkaar leren – duurzaam toerisme neemt de verantwoordelijkheid voor milieu en samenleving. Op de volgende websites staan tips waarmee je je verblijf in Luxemburg op een duurzame manier gestalte kunt geven.
www.ecolabel.lu: milieu- en klimaatvriendelijke hotels, campings, vakantiewoningen en groepsverblijven die met het keurmerk EcoLabel zijn onderscheiden.
www.naturpark-sure.lu: een boot op zonne-energie in plaats van diesel, vakantie op een biologische boerderij, zwemmen in het meer, culinair genieten met regionale producten uit het natuurpark, oftewel duurzaam toerisme in Naturpark Oëwersauer.
www.velosophie.lu: tal van mogelijkheden om Luxemburg met de fiets te verkennen.

MOBILITEIT

Je zoekt een P+R-terrein in het Groothertogdom, een bushalte of treinstation, een laadpaal, een fietsverhuurder, een wandel-, fiets- of mountainbikpad, een topografische kaart of simpelweg een straatnaam? Je vindt het op **http://map.geoportail.lu**, een officieel nationaal platform voor geografische gegevens en diensten. Het staat allemaal vermeld op een nauwkeurige topografische kaart van het land.

OVERNACHTEN

Hotels

Hotels worden in de regel op dezelfde manier ingedeeld als in Nederland en België, dus in categorieën van één tot en met vijf sterren, al naar gelang het comfort (van eenvoudig tot luxe). Het ontbijt is meestal bij de kamerprijs inbegrepen. In Luxemburg-stad zijn er voornamelijk viersterrenhotels (2 pk vanaf ca. € 100, elders in het land vanaf ca. € 80). In de zomer rekenen veel grote hotels aanzienlijk lagere kamerprijzen dan in de andere seizoenen. De meeste hotels hebben een eigen **restaurant**, met een aanbod dat kan variëren van eenvoudig tot gastronomisch. Bij sommige hotels, vooral die in de Ösling, het Müllerthal, Luxemburgs Klein Zwitserland en langs de Moezel, kun je ook halfpension boeken.

De gratis hotelgids van het Office National du Tourisme (ONT) is verkrijgbaar bij de plaatselijke toeristenbureaus, maar je kunt ook de zoekmachine op www.visitluxembourg.com/nl gebruiken (kijk ook op www.hoteliers.com en www.booking.com).

GLAMPING

Tent meeslepen, haringen in de grond slaan? Niet nodig, want op veel campings in Luxemburg kun je een stuk comfortabeler overnachten, bijvoorbeeld in een safaritent, een groot vat, een caravan, een camper, een chalet, een blok- of een trekkershut. En veel van die onderkomens beschikken ook nog over meerdere kamers en een keuken...

http://glamping.info/luxuscamping/luxemburg

Klimmer in het Müllerthal.

Jeugdherbergen

In Beaufort, Bourglinster, Echternach, Esch-sur-Alzette, Hollenfels, Larochette, Lultzhausen, Luxemburg-stad, Remerschen en Vianden bieden jeugdherbergen de mogelijkheid om goedkoop te overnachten. Er gelden geen leeftijdsbeperkingen, maar je hebt wel een geldige internationale lidmaatschapskaart nodig. Niet-leden krijgen een gastenkaart, die na zes overnachtingen wereldwijd als volwaardige lidmaatschapskaart wordt beschouwd (tel. 262 76 62 00, www.youthhostels.lu).

De jeugdherbergen in Echternach, Esch-sur-Alzette, Lultzhausen, Luxemburg-stad en Remerschen zijn ook goed toegankelijk voor reizigers met een beperking.

Kamperen
Op de website van het ONT (www.visitluxembourg.com/nl) zijn meer dan vijftig in de natuur gelegen campings en camperterreinen te vinden, die net als in Nederland en België al naar gelang de kwaliteit met één tot vijf sterren worden gewaardeerd. Wildkamperen is verboden (www.camping.lu, www.visitluxembourg.com).

Samen onderweg
Je zoekt accommodatie met meerdere slaapkamers omdat je met vrienden of kinderen op vakantie gaat? Hiervoor heb je keus uit vakantiewoningen op het platteland, een verblijf op een boerderij en huizen in een landelijke omgeving (www.visitluxembourg.com, www.gites.lu en www.airbnb.nl).

Accommodatie voor wandelaars, fietsers en motorrijders
Accommodatie met de aanduiding **Bed&Bike** (www.ardennes-hotels.lu, www.bedandbike.lu) zorgen voor veilig onderdak voor fiets of motor, het drogen van natte kleding en uitrusting, en natuurlijk een stevig ontbijt. De hotels aan de Müllerthal Trail (www.trailhotels.lu) zorgen ervoor dat je bagage van hotel naar hotel wordt gebracht, zodat jij ongehinderd kunt wandelen en fietsen in het Müllerthal.

REIZEN MET EEN BEPERKING

Reizigers met een beperking kunnen voor informatie terecht bij **Info-Handicap**, tel. (+352) 36 64 66-1, www.welcome.lu.

SPORT EN ACTIVITEITEN

Ballonvaren
Tochten met een heteluchtballon vinden het hele jaar door plaats, zowel 's morgens als 's avonds, en in de herfst en winter zelfs de hele dag. Je reserveert een paar dagen van tevoren, maar of de tocht dan ook echt doorgaat, is afhankelijk van de weersomstandigheden (Cercle Luxembourgeois de l'Aérostation, tel. 621 41 80 00, www.cla.lu; Skylines Balloons, Junglinster, tel. 78 90 75, www.skylines.lu; 50° Nord Ballooning, Fouhren, tel. 26 87 42 42, www.ballooning-50-nord.lu).

Fietsen
Op de circa 600 km aan fietspaden en de rustige landweggetjes kun je het land uitstekend leren kennen. Sommige fietspaden, zoals de **Vennbahnradweg** (130 km) tussen Aken en Troisvierges, volgen vroegere spoorwegtracés.

De bloei van de wijngaardperziken aan de Moezel is een lust voor het oog.

De gedetailleerde kaart *Luxembourg by cycle* (schaal 1:100 000, www.lvi.lu) biedt een overzicht van het netwerk van fietspaden en geeft informatie over onder andere de toestand van de fietspaden, de stijgingen, de afstanden en de fietsverhuurders. Fietspaden op voormalige spoorwegtracés zijn geaccentueerd. Bovendien worden het spoorwegnet en de Bed&Bike-adressen (▸ blz. 110) op de kaart aangegeven.

Klimmen en boulderen
De steile rotswanden van de Wanterbaach bij Berdorf in het Müllerthal vormen een uitgelezen mogelijkheid om de klimsport te beoefenen. Dit is echter alleen voorbehouden aan leden van een klimvereniging, die op haar beurt aangesloten moet zijn bij een van de twee internationale klimbonden UIAA of IFSC. Klim- en bouldermuren zijn overal in Luxemburg te vinden (www.iclimb.lu).

Mountainbiken
In de Ardennen, in het Müllerthal, in de wijngaarden langs de Moezel – overal zijn mountainbikeroutes van verschillende lengte en moeilijkheidsgraad te vinden. Voor informatie, beschrijvingen en kaarten zijn er de volgende websites: www.guide.naturpark.lu, www.visitluxembourg.com, www.ardennes-lux.lu, www.naturpark-our.lu, www.müllerthal.lu en www.visitmoselle.lu.

Skaten
Skaters komen in Luxemburg bijzonder goed aan hun trekken. Kijk voor informatie op www.skatepark.lu.

Tennissen
In vrijwel alle grotere plaatsen zijn tennisbanen en -hallen van verenigingen of de gemeente. Ook veel grote hotels beschikken over een tennisbaan. Voor informatie ga je naar het plaatselijke toeristenbureau of neem je contact op met de Fédération Luxembourgeoise de Tennis (tel. 57 44 70-1, www.flt.lu).

Wandelen
Luxemburg is een paradijs voor wandelaars. Het woest romantische Müllerthal, dat vanwege zijn rotsformaties en watervallen Luxemburgs Klein Zwitserland wordt genoemd, de Ardennen met de diep uitgesleten rivierdalen en glooiende heuvels, het Moezeldal en het zuiden van het land nodigen stuk voor stuk uit tot uitgebreide verkenningstochten. Dankzij de vele bewegwijzerde wandelpaden kun je je eenvoudig oriënteren (algemene informatie: www.visitluxembourg.com).
De 24 *sentiers nationaux* – **nationale wandelpaden** (15-68 km) die naar een bepaald thema of landschap zijn genoemd – zijn geel gemarkeerd. Zo voert het 41 km lange *sentier des sept châteaux* (pad van de zeven kastelen, ▸ blz. 50) door het prachtige dal van de Eisch tussen Koerich en Schoenfels. De paden vormen geen rondwandelingen, maar zijn eerder geschikt voor meerdaagse tochten.
Er lopen ook twee **Europese langeafstandspaden** door Luxemburg. De E2, die vanuit Nederland naar de Middellandse Zee voert, loopt door de dalen van de Sûre en de Moezel naar Rumelange. De E3 (Atlantische Oceaan-Böhmerwald) bereikt bij Martelange Luxemburgs grondgebied en heet vanaf daar het Ardennenpad.
De **jeugdherbergen** in Luxemburg zijn via wandelpaden met elkaar verbonden; deze paden zijn te herkennen aan een witte driehoek. Ook is het mogelijk om van het ene hotel naar het andere te wandelen (www.ardennes-hotels.lu). Een andere interessante variant is **wandelen van station naar station** (kijk voor informatie over deze routes op www.visitluxembourg.com).
Veel toeristenbureaus hebben **plaatselijke wandelroutes** uitgestippeld en daarvan wandelkaarten gemaakt.
In beschermde natuurgebieden in Luxemburg zijn **educatieve paden** aangelegd, waar de schoonheid van het landschap wordt getoond en de flora en fauna van het betreffende gebied worden voorgesteld. Zo kun je op het 6,7 km lange 'Joffer Margot' bij Consdorf en het 8,5 km lange 'Cornelys-

GUIDE AUTO-PÉDESTRE

In de *Guide Auto-Pédestre* (www.guideautopedestre.lu) staan ruim 1700 km aan **rondwandelingen** door het natuur- en wandelparadijs Luxemburg. Elke route is voorzien van een QR-code, die je doorlinkt naar de website www.geoportail.lu.

millen' te weten komen hoe het leven van planten en dieren in elkaar grijpt en loop je op het 4 km lange Aarnescht Pfad bij Niederanven langs tal van orchideeënsoorten. In Bech-Kleinmacher, Canach en Grevenmacher bieden educatieve paden (2-10 km) inzicht in de wijnbouw en de ecologie van de wijngaarden (► blz. 106).
De 42 km lange wandeling rond het Lac de la Haute-Sûre (Obersauer Stausee) en de 110 km lange Müllerthal Trail (www.müllerthal-trail.lu) bieden prachtige uitzichten op de omgeving. Onderweg kom je langs schilderachtige dorpjes waar je een pauze kunt inlassen.

Wellness
Hét Luxemburgse centrum voor ontspanning en fitness is het kuuroord **Mondorf-les-Bains** met de zwavelhoudende warmwaterbronnen van 24° C (► blz. 96). In het Domaine Thermal de Mondorf, dat over een wellnesscentrum, sport- en recreatievoorzieningen, een viersterrenhotel en een fitnesscentrum beschikt, kun je op allerlei manieren aan je conditie werken (zoals klimmen, squashen en beachvolleyballen). Maar je kunt ook een zweetkuur gaan doen in de sauna, de Turks-Osmaanse hamam, het Romeinse caldarium, de Tiroler *schwitzstüberl* of de Japanse *bijin yu*. Daarnaast zijn er voetbaden, solaria, whirlpools, zonnebanken, een tepidarium (lauw waterbad), ontspanningsruimten en een openluchtzwembad. En voor de uiterlijke verzorging biedt Mondorf Bien-Être individuele schoonheidsbehandelingen aan – zowel à la carte als in de vorm van een arrangement.

TOERISTENINFORMATIE

Office National du Tourisme (ONT)
BP 1001, L-1010 Luxembourg
tel. (+352) 428 28 21
www.visitluxembourg.com

Luxembourg City Tourist Office
BP 181, L-2011 Luxembourg
30, place Guillaume II
L-1648 Luxembourg
tel. (+352) 22 28 09
www.lcto.lu

Grotere plaatsen hebben een eigen toeristenbureau *(syndicat d'initiative, office de tourisme)*, elders kun je veelal in het gemeentehuis *(mairie)* terecht.

Op Internet
www.visitluxembourg.com: de meest informatieve site voor bezoekers van Luxemburg is die van het Office National du Tourisme (ONT).
www.ardennes-lux.lu: de Ardennen en daar gelegen natuurparken.
www.müllerthal.lu: het Müllerthal, ofwel Luxemburgs Klein Zwitserland.
www.visitmoselle.lu: het wijnbouwgebied van Luxemburg aan de Moezel.
www.guide.naturpark.lu: gedetailleerde informatie over wandelen, fietsen, mountainbiken en nordic walking in de natuurparken Our, Öewersauer en Müllerthal (Mëllerdall).

VERVOER

Met trein en bus
Informatie trein: tel. 24 89 24 89, www.cfl.lu.
Informatie bus en trein: tel. 24 65 24 65, www.mobiliteit.lu.
Dienstregelingen: www.sales-lentz.lu.
Vervoerbewijzen zijn geldig voor zowel de trein als de bus: je hebt de keus uit een *kuurzzäitbilljee* (€ 2, 2 uur geldig, tienrittenkaart € 16) of een *dagesbilljee* (€ 4, geldig vanaf het moment van afstempelen tot

4 uur 's morgens de volgende dag, vijf dagkaarten € 16). Het vervoer van een fiets in de trein (mits er voldoende plaats is) is gratis.

Met de auto

Behalve in het noorden is de hoofdstad omgeven door een autosnelweg, met aftakkingen naar het oosten, zuiden en westen. De rijksweg N7 loopt tot in het noordelijkste puntje van het land. Op sommige trajecten van deze weg is de maximumsnelheid verhoogd van 90 naar 110 km per uur. Een alternatief is autosnelweg A7, die ten noordoosten van Luxemburg-stad begint en tot vlak bij Ettelbruck loopt. Met een personenauto hoef je geen tol te betalen voor de Luxemburgse snelwegen.

Wie met de auto naar Luxemburg gaat, moet het rij- en kentekenbewijs en ook de groene verzekeringskaart bij zich hebben.

Maximumsnelheid: binnen de bebouwde kom 50 km/u, erbuiten 90 km/u (met aanhanger of camper zwaarder dan 7,5 t: 75 km/u). Op autosnelwegen 130 km/u (met aanhanger of camper zwaarder dan 7,5 t: 90 km/u). Bij een nat wegdek geldt op autosnelwegen voor personenauto's, motoren en campers tot 7,5 t een maximumsnelheid van 110 km per uur.

Bij stoepranden met een gele lijn geldt een **parkeerverbod**. Op alle zitplaatsen in de auto dient de **autogordel** te worden gedragen. Het maximaal toegestane **alcoholpromillage** is 0,5; voor bestuurders die nog geen twee jaar het rijbewijs hebben is dat 0,2. Bij het verlaten van de auto op auto- en autosnelwegen moet een **reflecterend hesje** worden gedragen. Dit geldt ook voor motorrijders. **Reservejerrycans** zijn verboden. Tijdens het rijden is alleen **handsfree bellen** toegestaan.

LUXEMBOURG CARD

De in het hele land geldige Luxembourg Card biedt vrij toegang tot meer dan zestig musea en attracties, onbeperkt gebruik van bus en trein, kortingen bij evenementen en een uitvoerige brochure.

Prijzen: per persoon/gezin (2-5 personen): 1 dag € 13/28, 2 dagen € 20/48, 3 dagen € 28/68; 60-plussers krijgen 10% korting.

De kaart is niet persoonsgebonden en verkrijgbaar bij toeristenbureaus, hotels, jeugdherbergen, vakantiewoningen, stations en campings (www.visitluxembourg.com/nl/luxembourg-card).

Met de elektrische auto

Nog altijd zijn er in Luxemburg relatief weinig elektrische auto's en oplaadpunten, maar dat is aan het veranderen: eind 2020 moeten er 850 oplaadpunten zijn bijgekomen, die door het hele land worden geplaatst, maar niet langs autosnelwegen (www.elektromobiliteit.lu).

Met de huurauto

In Luxemburg-stad en op de luchthaven Luxemburg-Findel zijn filialen van verscheidene grote autoverhuurbedrijven te vinden. Bovendien kun je in veel kleinere steden een auto huren bij een van de garages. Adressen en telefoonnummers kun je krijgen bij het ONT (► blz. 112).

VEILIGHEID EN NOODGEVALLEN

Politie: tel. 113.

Ambulance/brandweer: tel. 112.

Pech onderweg: automobielclub ACL, tel. (+352) 260 00.

ANWB Alarmcentrale: tel. 0031 70 314 14 14 (ook bij pech in het buitenland).

Nederlandse ambassade: 6, rue Sainte Zithe, L-2763 Luxemburg, tel. +352 22 75 70, lux@minbuza.nl.

Belgische ambassade: 4, rue des Girondins, 1626 Luxemburg, tel. +352 442 74 61, luxembourg@diplobel.fed.be.

Hoe zegt u?

Obo!

Nou ja, hoe is het mogelijk!

Moiën!

KUCK ELEI!

Goedemorgen! Goeiedag!
Goedenavond!

virwötzech

Kijk!

nieuwsgierig

Potschampsdréer

Kuant

pantoffelheld

STÖLPES

grapjas

onhandig iemand

Stibo

Taddelesch

lummel

kletskous

Wibbelesch

ÄDDI, AWAR!

onrustig vrouwspersoon

Dag, tot ziens!

Paklijst

> DATUM

....

> AANTAL DAGEN

....

> HET WEER

WARM KOUD NAT

> BASISUITRUSTING

- ANWB EXTRA
- PASPOORT/ID-KAART
- TICKETS & VISUM
- RIJBEWIJS
- BANKPASSEN
- MEDICIJNEN
- VERZEKERINGEN
- HOTELADRES
- ....
- ....
- ....
- ....
- ....

C CHECK

> TOILETARTIKELEN

- ....
- ....
- ....
- ....
- ....
- ....
- ....
- ....
- ....
- ....
- ....
- ....
- ....

> KLEDING

- ....
- ....
- ....
- ....
- ....
- ....
- ....
- ....
- ....
- ....
- ....
- ....
- ....
- ....

> DIVERSEN

- ....
- ....
- ....
- ....
- ....
- ....
- ....
- ....

> ELEKTRONICA

- ....
- ....
- ....
- ....
- ....

Mijn tripplanner

DAG 1

Blz ...... MUST SEE ....
Blz ....
Blz ....
Blz ....
Blz ....
Blz ....
Blz ...... ETEN EN DRINKEN ....
Blz ....

DAG 2

Blz ...... MUST SEE ....
Blz ....
Blz ....
Blz ....
Blz ....
Blz ....
Blz ...... ETEN EN DRINKEN ....
Blz ....

DAG 3

Blz ...... MUST SEE ....
Blz ....
Blz ....
Blz ....
Blz ....
Blz ....
Blz ...... ETEN EN DRINKEN ....
Blz ....

DAG 4

Blz ...... MUST SEE ....
Blz ....
Blz ....
Blz ....
Blz ....
Blz ....
Blz ...... ETEN EN DRINKEN ....
Blz ....

MUST SEE .... Blz ......
.... Blz ......
.... Blz ......
.... Blz ......
.... Blz ......
.... Blz ......
ETEN EN DRINKEN .... Blz ......
.... Blz ......

DAG 5

MUST SEE .... Blz ......
.... Blz ......
.... Blz ......
.... Blz ......
.... Blz ......
.... Blz ......
ETEN EN DRINKEN .... Blz ......
.... Blz ......

DAG 6

MUST SEE .... Blz ......
.... Blz ......
.... Blz ......
.... Blz ......
.... Blz ......
.... Blz ......
ETEN EN DRINKEN .... Blz ......
.... Blz ......

DAG 7

.... Blz ......
.... Blz ......
.... Blz ......
.... Blz ......
.... Blz ......
.... Blz ......
.... Blz ......
.... Blz ......

E EXTRA

Notities

T
TIPS

Favoriete plekken – **review**

> OVERNACHTEN

ACCOMMODATIE ► ....

ADRES/BLADZIJDE ....

PRIJS € €€ €€€

NOTITIE ....

....

> ETEN EN DRINKEN

....

RESTAURANT ► ....

ADRES/BLADZIJDE ....

PRIJS € €€ €€€ CIJFER

VOORGERECHT ....

HOOFDGERECHT ....

NAGERECHT ....

NOTITIE ....

....

RESTAURANT ► ....

ADRES/BLADZIJDE ....

PRIJS € €€ €€€ CIJFER

VOORGERECHT ....

HOOFDGERECHT ....

NAGERECHT ....

NOTITIE ....

....

RESTAURANT ► ....

ADRES/BLADZIJDE ....

PRIJS € €€ €€€ CIJFER

VOORGERECHT ....

HOOFDGERECHT ....

NAGERECHT ....

NOTITIE ....

....

....

> WINKELEN

WINKEL ► ....

ADRES/BLADZIJDE ....

NOTITIE ....

....

WINKEL ► ....

ADRES/BLADZIJDE ....

NOTITIE ....

....

> UITGAAN

GELEGENHEID ► ....

ADRES/BLADZIJDE ....

NOTITIE ....

....

GELEGENHEID ► ....

ADRES/BLADZIJDE ....

NOTITIE ....

....

> EXTRA

EXTRA ► ....

ADRES/BLADZIJDE ....

NOTITIE ....

....

EXTRA ► ....

ADRES/BLADZIJDE ....

NOTITIE ....

....

EXTRA ► ....

ADRES/BLADZIJDE ....

NOTITIE ....

....

....

Fotoverantwoording

AWL Images, Whitchurch (GB): omslag, uitneembare kaart (imagebroker)
Creative Commons: blz. 5
Fotolia, New York (USA): blz. 38/39 (Alice_D); 85 (Douwna); 83, 86 (dudlajzov); 110 (Heinz&Brummel); 51 (Image Source); 94/95 (Parente); 76/77 (Weller)
Horst Gläsker, Düsseldorf: blz. 24
iStock.com, Calgary (Canada): blz. 92 (AleksandarNakic); 74 (Alexey_Fedoren); 80 (erlobrown); 62/63 (Minh-Thuan); 8/9 (Parente)
laif, Köln: blz. 53 (Boening/Zenit); 40 (Bourget/Reporters); 103 (Fistick/NYT/Redux); 100 (Hub); 104 (Keulen); 66, 71 (Loop Images/Stowe); 11, 26, 30, 32, 34, 37 zz(Schwelle); 60 (Specht); 29 (Zanettini)
Look, München: blz. 73 (Frei)
Mauritius Images, Mittenwald: blz. 109 (Alamy/ Arterra Picture Library); 42 (Alamy/ Falbe); 4 onder (Blend Images/Raptosh); 20 (SMART RF/Selbach)
picture-alliance, Frankfurt a. M.: blz. 128/5 (AA/Aydemir); 128/9 (akg-images); 128/7 (akg-images/Dieuzaide); 107 (Becker&Bredel); 4 boven, achterflap (Frey); 128/8 (Geisler Fotopress); 87 (Heckler); 98 (Photocuisine); 46 (PHOTOPQR/Le Republicain Lorrain); 128/2 (Tittel)
Shutterstock.com, Amsterdam (NL): blz. 16 (Curioso); 48 (gevision); 97 (Hilda-Weges); 33 (Kit Leong); 91 (Levin); 69 (Novikov); 96 (Radermecker); 7, 23 (RossHelen); 59 (rphstock); 14/15 (Tiburzy); 56 (Thill); 54, 55 (trabantos); 79 (Vicuschka)
Reinhard Tiburzy, Aachen: blz. 17
Wikimedia Commons: blz. 128/1 (CC-PD, Otets); 128/4 (CC-PD); 128/6 (CC-SA 3.0, Fuchs)
Tekening blz. 2: Gerald Konopik, Fürstenfeldbruck
Tekening blz. 5: Antonia Selzer, Stuttgart

ulp gevraagd!
e informatie in deze reisgids is aan verandering onderhevig. Het kan dus wel eens ebeuren dat je ter plaatse een andere situatie aantreft dan de auteur. ; de tekst niet meer helemaal correct, laat ons dat dan even weten.

)ns adres is:
Jitgeverij ANWB
Redactie KBG
Postbus 93200
2509 BA Den Haag
anwbmedia@anwb.nl

Productie: Uitgeverij ANWB
Coördinatie: Els Andriesse
Tekst: Reinhard Tiburzy
Vertaling: Pieter Streutker
Eindredactie: Patricia Kersbergen
Opmaak omslag: Atelier van Wageningen
Opmaak: Hubert Bredt
Opmaak notitiepagina's: Studio 026
Concept: DuMont Reiseverlag
Grafisch concept: Eggers+Diaper
Cartografie: DuMont Reisekartografie

Eerste druk
ISBN: 978-90-18-04620-0

Herinner je je deze nog?

9 van 590.66
Luxemburger

Comte Sigefroy
Graaf Siegfried legde het fundament voor Luxemburg. Hij verwierf de *Lucilinburhuc* van de abdij St. Maximin, vermoedelijk onder het genot van een wijntje: de bottelier van de abdij heeft de overeenkomst ook getekend.

Léa Linster
De enige vrouwelijke topkok die ooit met de pretentieuze Bocuse d'Or is onderscheiden en ook tal van andere onderscheidingen in de wacht heeft gesleept.

Désirée Nosbusch
De presentatrice en actrice uit Esch-sur-Alzette is trots op haar geboortestreek de Minett. Op twaalfjarige leeftijd had ze al een programma bij Radio Luxemburg.

Der Hauptmann von Köpenick
Friedrich Wilhelm Voigt was weliswaar een Pruis, maar stierf in de hoofdstad van Luxemburg. Zijn grafsteen op de Liebfrauenfriedhof is beslist een kijkje waard.

Jean-Claude Juncker
De Luxemburgse politicus en voormalig voorzitter van de Europese Commissie is een overtuigd Europeaan: 'Wie aan Europa twijfelt, zou een bezoek moeten brengen aan militaire begraafplaatsen!'

Michel Majerus
De rijzende ster in de kunstwereld kwam in 2002 bij een vliegtuigongeluk om het leven. Zijn kleurrijke schilderijen en installaties zijn vooral geïnspireerd op de popart.

Edward Jean Steichen
The Family of Man, het opus magnum van deze oorlogs- en modefotograaf en directeur fotografie van het New Yorkse Museum of Modern Art, is te zien in Clervaux.

Ranga Yogeshwar
De populaire wetenschapsjournalist, natuurkundige en presentator kan als geen ander uitleggen waarom vrouwen koude voeten hebben of de appel van de boom valt.

Melusina
Elk Luxemburgs kind kent Melusina en vraagt zich af hoe het toch kon dat graaf Siegfried, haar wederhelft, er pas zo laat achterkwam dat ze een waternimf was.